SOMMAIRE

YVES KLEIN
L'AVENTURE MONOCHROME

Denys Riout

DÉCOUVERTES GALLIMARD
ARTS

Fils de Marie Raymond, peintre abstrait, et de Fred Klein, peintre figuratif, Yves Klein naît en 1928. Peut-il devenir peintre lui-même sans choisir entre le camp maternel et la tradition paternelle ? Confronté à ce défi, le jeune homme opte pour une autre voie. Déterminé à devenir judoka professionnel, il se rend à Tokyo pour suivre l'enseignement du célèbre Institut Kôdôkan d'où il revient, en 1954, ceinture noire, 4e dan.

CHAPITRE 1

YVES KLEIN, JUDOKA

Les chemises ornées d'empreintes qu'arborent joyeusement Yves Klein et son ami Claude Pascal dans les rues de Nice (ci-contre), prouvent qu'Yves, alors plus préoccupé de judo que d'art, savait déjà user de formes et de couleurs pour affirmer sa singularité. Sa chemise, pieusement conservée, fait désormais pleinement partie de son œuvre.

L'enfance et la jeunesse d'Yves Klein furent marquées par les fréquents changements de lieux de ses parents. La famille de sa mère, Marie Raymond, aidait le couple impécunieux, qui vécut alternativement à Paris et dans la région niçoise. La sœur aînée de Marie, Rose, prenait souvent en pension son neveu, pour lequel elle éprouvait une vive affection et qu'elle soutint toujours. Enfant primesautier, puis adolescent passionné mais peu enclin à accepter les contraintes scolaires, Yves Klein reçut une éducation traditionnelle, conforme aux règles en usage dans son milieu, surtout quand sa « tantine » y veillait, mais il vécut aussi la bohème de bon aloi de ses parents.

Fred Klein, ici dans son atelier en 1958, se tenait à l'écart des grands courants de la modernité. Il contribua à donner une éducation traditionnelle à son fils (ci-dessous dans son costume de premier communiant, à Paris, le 25 mai 1939).

Des parents peintres

Marie Raymond (1908-1989), jeune fille de bonne famille, prit goût à la peinture lorsqu'elle visita l'atelier d'Alexandre Doppler, en 1924. Grâce à lui, elle rencontra Jacques Villon. L'année suivante, elle fit la connaissance d'un peintre néerlandais, Fred Klein, qui passait l'été à Cagnes. Son père était hollandais, sa mère javanaise. Né en 1898 aux Indes néerlandaises mais revenu enfant aux Pays-Bas, il avait étudié la peinture à Paris. Marie était une artiste à peine débutante quand elle l'épousa, en 1926.

Le couple s'installe à Paris, rue du Départ. Mondrian est l'un de ses voisins. Fred et Marie reviennent à Nice, où ils sont accueillis par la famille de la jeune femme pour son accouchement : Yves Klein naît le 28 avril 1928. Jusqu'à l'automne de 1943, les Klein vivent alternativement à Cagnes et à Paris ou dans la proche banlieue. Pendant ce temps, Yves est souvent confié à sa tante.

Fred Klein commence à exposer dans son pays tandis que Marie Raymond poursuit son apprentissage. Amis de Nicolas de Staël, ils entretiennent des relations avec de nombreux artistes, notamment Villon, mais aussi Kupka, Hartung, Magnelli, Sonia Delaunay. Les Klein s'insèrent progressivement dans le monde de l'art.

Découverte du judo

À la fin de 1943, la famille Klein regagne son appartement de la rue d'Assas et vit à Paris la fin de l'Occupation. Marie Raymond intensifie son travail pictural et elle confirme son engagement dans l'abstraction. Son fils, qui rêve de voyages et d'aventures, souhaite entrer à l'École de la marine marchande. Son échec au baccalauréat le contraint à reconsidérer ses projets d'avenir. Il n'en a guère, mais il ne songe nullement à devenir peintre. Sa tante vole à son secours. Elle l'accueille à Nice et elle crée pour lui un rayon librairie dans

Marie Raymond, en 1948, au moment où elle commence à se faire un nom dans les milieux artistiques parisiens. Elle peignait chez elle quand son mari se rendait à son atelier. La reconnaissance de son travail constitue une double revanche : elle entérine le succès d'une femme dans un univers encore largement dominé par les hommes et elle récompense l'audace d'une artiste qui a choisi la voie, alors décriée, de l'abstraction (sur le mur, derrière Marie Raymond, *Sans titre*, 1948).

le magasin Radio-Son qu'elle tient avec son nouveau mari.

En 1947, Yves Klein a dix-neuf ans et il ne se voit pas commerçant à vie. Poussé par la curiosité, il s'inscrit au club de judo du quartier général de la police de Nice, qui ouvrait ses portes aux amateurs. Le judo était alors une discipline confidentielle, dont l'origine japonaise, la maîtrise corporelle et mentale qu'elle implique, et l'élégante efficacité commençaient à fasciner. Klein comprend rapidement qu'il a trouvé sa voie : il fera tout pour devenir l'un des meilleurs judokas de sa génération.

Au club de la police, Yves Klein rencontre un autre débutant, Claude Pascal. Ils seront bientôt inséparables. Peu de temps après, un nouvel élève se présente : Armand Fernandez – connu plus tard sous le nom d'Arman. Le duo se transforme en trio. Les trois amis pratiquent ensemble le judo, s'amusent, discutent et se partagent le monde, qu'ils veulent conquérir. Le ciel revient à Klein qui, « dans un fantastique voyage réalistico-imaginaire », se rend sur place pour y apposer sa signaturc.

Klein, revêtu de sa chemise à empreintes, devant la libraire Radio-Son (Nice, 1948) dans laquelle il travaille, rêve d'un autre avenir. Le judo y tient une place essentielle. Au club de judo de Nice, Yves (quatrième à partir de la gauche, dans le rang du fond) a rencontré Arman (sixième, dans le même rang) et Claude Pascal. C'est à cette époque qu'ils font la connaissance de Louis Cadeaux, ingénieur retraité, rosicrucien.

Adhésion à la Rose-Croix

Les trois amis spéculent avec passion et ils cherchent en vain un ouvrage capable de donner une assise solide à leur réflexion, quand Klein découvre la *Cosmogonie des Rose-Croix*, de Max Heindel (1865-1919). L'ouvrage est aussi aride que visionnaire. Un rosicrucien local, Louis Cadeaux, accepte de les guider dans leur lecture et il les invite à entrer en contact avec la *Rosicrucian Society of Oceanside* (Californie).

Yves Klein et Claude Pascal adhèrent à cette Société qui prodigue des cours par correspondance. L'enseignement de Heindel s'inscrit dans la tradition de l'occultisme. Il oppose la vie, c'est-à-dire l'esprit pur, à la forme, vecteur d'un esprit limité, tributaire du monde physique. Les rosicruciens travaillent à l'avènement d'une ère nouvelle, ils hâtent l'évolution vers une plénitude éthérée. Un dépassement de nos limites matérielles, réservé aux seuls initiés, donne accès au Grand Tout, laisse entrevoir la possibilité de léviter et d'accéder à une connaissance directe du monde, sans le recours aux sens, toujours imparfaits.

Klein travaille quotidiennement, durant au moins trois ans, les cours qui lui sont adressés mensuellement et renvoie régulièrement ses « devoirs » à la société rosicrucienne. Au Japon, en 1953, il résiliera son adhésion et, plus tard, précisera : « Je refuse l'occultisme et les sociétés secrètes. Bien que j'en connaisse quelque chose, je sens bien leur lamentable limitation. »

Cet épisode de jeunesse a marqué durablement la réception des œuvres d'Yves Klein, réputé rosicrucien, amateur d'ésotérisme fasciné par

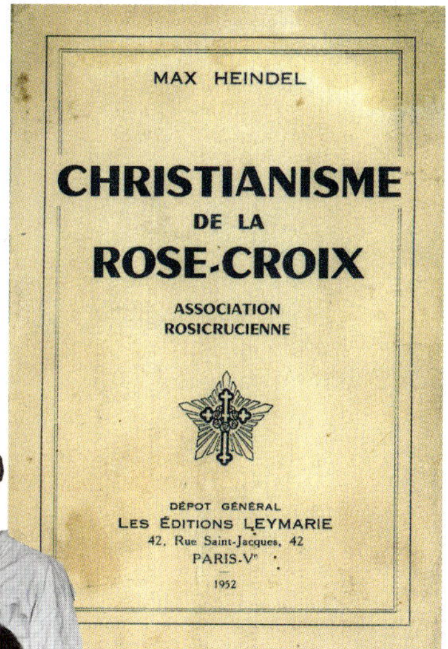
MAX HEINDEL

CHRISTIANISME
DE LA
ROSE-CROIX

ASSOCIATION
ROSICRUCIENNE

DÉPOT GÉNÉRAL
LES ÉDITIONS LEYMARIE
42, Rue Saint-Jacques, 42
PARIS-Ve
1952

Les livres de Max Heindel arborent l'emblème rosicrucien. Son symbolisme est expliqué en détail dans la *Cosmogonie des Rose-Croix* – l'ouvrage étudié, en son temps, par Yves Klein : « Le fond bleu représente le Père ; l'étoile dorée symbolise le Christ né en L'aspirant à la vie intérieure, et il irradie par les cinq pointes qui sont la tête et les quatre membres ; les roses rouges indiquent la purification de la nature-désir humaine sur la croix de la matière [...]. » Klein se souviendra peut-être de cette association lorsqu'il proposera sa propre trilogie des couleurs : bleu, rose et or.

les sociétés secrètes, suspecté par les uns d'être habité par un spiritualisme douteux, loué par d'autres, que ces conceptions visionnaires enchantent. On a pu comprendre son œuvre comme une tentative d'incarnation directe, dans le domaine de l'art, des théories rosicruciennes. La critique contemporaine tend à minorer l'importance des rapports entre cette cosmogonie et son œuvre. Il est permis de penser qu'elle reste plus qu'on ne le dit pétrie d'esprit rosicrucien, mais non sans un certain détachement, une distance amusée et peut-être même une réelle ironie. Klein serait alors plus proche d'un Duchamp jouant avec la « quatrième dimension » que d'un Beuys érigé en figure de chaman.

Les lundis de Marie Raymond

Outre cette formation rosicrucienne, une véritable imprégnation artistique, reçue dans son milieu familial, contribua à façonner la personnalité de Klein. Marie Raymond, dont l'envoi au Salon des surindépendants de 1945 fut remarqué par Charles Estienne, critique au journal *Combat*, participe l'année suivante à l'exposition inaugurale de la Galerie Denise René, « Peintures abstraites », et elle devient une personnalité importante de l'avant-garde parisienne. Très sollicitée, elle décide de consacrer une soirée hebdomadaire à la réception de ses amis et relations. Chaque lundi, elle ouvre son appartement à des artistes, critiques, collectionneurs, amateurs d'art, conservateurs de musée.

En juillet 1946, Marie Raymond expose au premier Salon des Réalités nouvelles, dévolu à l'art abstrait. La même année débute sa collaboration avec une revue néerlandaise, *Kunst en Kultuur*, dans laquelle elle chronique l'actualité artistique de Paris. Consécration de cette réussite, elle obtient en 1949 le prix Kandinsky, qu'elle partage avec un autre peintre, Chapoval.

Les lundis de Marie Raymond sont alors très courus. Dans une ambiance bon enfant et souvent joyeuse se côtoient des artistes à la réputation déjà bien établie, tels Poliakoff, Arp ou Magnelli,

Les lundis de Marie Raymond (1946-1954) étaient fréquentés par le Tout-Paris. Marie était aussi très proche d'artistes importants, comme l'atteste cette photographie, prise par Hans Hartung lors du dîner de Noël 1948. On reconnaît, de gauche à droite : Marie-Thérèse González, Fred Klein, Gérard Schneider (débout), Roberta González, Marie Raymond, Colette et Pierre Soulages, Yves Klein et, au premier plan, Pilar González.

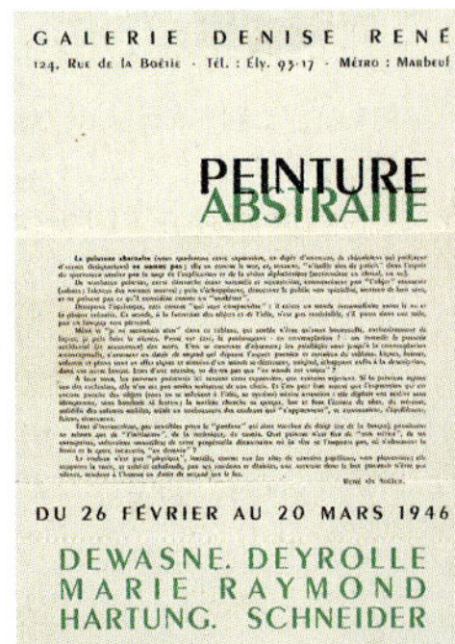

et d'autres plus jeunes ou pas encore célèbres, Hartung, Soulages, Vasarely, Tinguely, Villeglé et Raymond Hains, mais aussi les lettristes Isidore Isou, Dufrêne et Debord. Le fils de la maison assiste, en 1952, à la « première » de son film *Hurlements en faveur de Sade*, un film sans images : l'écran est blanc quand une voix se fait entendre et il demeure entièrement noir lors des séquences muettes. Bien d'autres personnalités sont passées dans l'appartement de la rue d'Assas, James

Le titre de cette composition de Marie Raymond, *L'Œil bleu du lointain* (1950 ; en bas) présage d'une certaine complicité avec ce que fera son fils, quelques années plus tard. Yves a d'ailleurs réalisé à ses débuts des formats très allongés, comme celui-ci. Dans un entretien avec Frédéric Altmann, en 1988, Marie Raymond se souvient des débuts fulgurants d'Yves : « Au début j'étais intriguée, mais jamais contre. J'ai eu une influence sur l'œuvre d'Yves Klein certainement. Dans mes écrits, j'évoque l'espace et la sensibilité. Nous avons des points communs, absolument. »

Sweeney par exemple, alors conservateur au Guggenheim Museum de New York. Yves Klein assistait à ces soirées lorsqu'il était à Paris, notamment avant son départ pour le Japon.

Le goût de l'aventure

Avec la pensée rosicrucienne et l'imprégnation artistique acquise par osmose, il faut compter les voyages de Klein parmi les éléments essentiels de sa formation. Il les entreprend par goût de l'aventure, mais ils lui permettent surtout d'élargir son horizon culturel et de pratiquer des langues étrangères. Plus tard, cela facilitera l'insertion européenne de l'artiste et contribuera à son succès international.

Klein a visité les Pays-Bas avec ses parents, et il a voyagé en Italie avant de partir pour l'Allemagne, à la fin de 1948, effectuer son service militaire. Un an plus tard, il est à Londres avec son ami Claude Pascal. Là, il travaille pendant quelque temps chez un encadreur, Robert Savage, où il apprend la technique de la dorure à la feuille d'or. En avril 1950, les deux jeunes gens se rendent en Irlande, où ils ont trouvé un emploi dans un élevage de chevaux. Ils ont en effet l'intention d'aller au Japon à cheval et ils estiment que cet apprentissage leur sera utile.

Claude Pascal, gravement malade, doit renoncer à ce projet. Klein se rend alors à Madrid, afin d'apprendre l'espagnol. Il y donne des cours de français et enseigne le judo dans un club dirigé par Franco de Sarabia, dont le père, imprimeur, lui permettra plus tard de réaliser son tout premier projet artistique. Revenu à Paris durant l'été de 1951, il commence à préparer son voyage au Japon,

Durant son séjour en Grande-Bretagne, en 1950, Yves Klein réalise une série d'aquarelles figuratives, évident hommage à la peinture de son père. Un cavalier, toujours le même, en est le motif principal. Il évolue dans des paysages habités par des oiseaux aux allures souvent menaçantes. Dans cette lettre adressée à ses parents peu après son arrivée en Irlande, son dessin paraît plus libre. Cette série ne donnera lieu à aucun développement.

où il compte suivre l'enseignement de l'Institut Kôdôkan afin de revenir en France titulaire d'un titre – ceinture noire, 4e dan – qui le placerait d'emblée au-dessus des meilleurs.

Au cours de son premier séjour en Espagne (mars-juillet 1951), Klein a confectionné l'un de ses albums de voyage. Il y enregistre le souvenir de sa chambre, 6 Calle de Puebla, à Madrid. Mais surtout, il a conservé ici la carte du Bushido Kwai, dirigé par Franco de Sarabia. Impressionné par les qualités du jeune homme, celui-ci l'invita à enseigner dans son club. Cette rencontre fut décisive pour Klein. À son retour du Japon, en 1954, Sarabia le fit revenir en Espagne et il lui permit d'utiliser les presses de son atelier d'imprimeur.

Une initiation japonaise

Grâce à l'aide financière de sa tante Rose et aux relations de sa mère, qui lui trouve une famille d'accueil à Yokohama, Klein part pour le Japon en août 1952. Après un voyage en bateau, il arrive à Yokohama le 23 septembre. Il s'installe ensuite à Tokyo, où il s'inscrit, en octobre, à l'Institut Kôdôkan, le centre de formation le plus réputé du pays pour le judo. Cet art martial lié aux grandes traditions spiritualistes de l'Extrême-Orient mobilise toute son énergie.

Au Japon, Klein repasse un à un tous ses grades car le Kôdôkan n'accepte pas de valider des titres étrangers. Il doit en outre donner des cours de français pour subvenir à ses besoins. Sa formation est rude et les amphétamines, en vente libre,

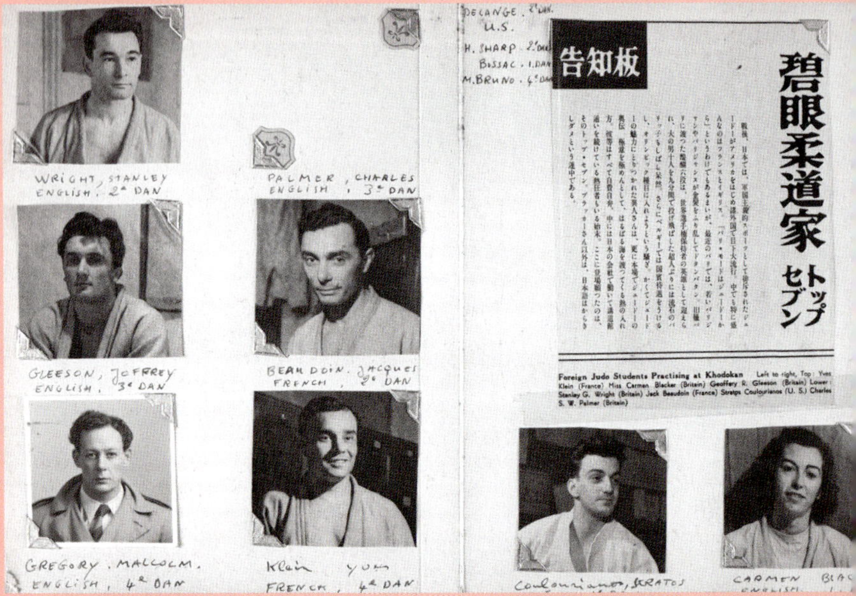
WRIGHT, STANLEY
ENGLISH, 2e DAN
PALMER, CHARLES
ENGLISH, 3e DAN
GLEESON, JOFFREY
ENGLISH, 3e DAN
BEAUDOIN, JACQUES
FRENCH, 2e DAN
GREGORY, MALCOLM.
ENGLISH, 4e DAN
Klein YVES
FRENCH, 4e DAN
DELANGE. 2e DAN
U.S.
H. SHARP. 2e DAN
BOSSAC. 1. DAN
M. BRUNO. 4e DAN
告知板
碧眼柔道家
トップセブン
Foreign Judo Students Practising at Khodokan Left to right, Top: Yves Klein (France) Miss Carmen Blacker (Britain) Geoffery R. Gleeson (Britain) Lower: Stanley G. Wright (Britain) Jack Beaudoin (France) Stratps Coulourianos (U. S.) Charles S. W. Palmer (Britain)
Coulourianos, STRATOS
CARMEN

DUTCH AIRLINES
ZONCA. 2e DAN
KLEIN.
KOBAYASHI. 5e D
GLEESON. KLEIN AU B.O.Q.
KODOKAN.
NEWAZA.
AVEC DELANGE
NEWAZA
RÉPÉTITION DE LA CLASSE D'ODA

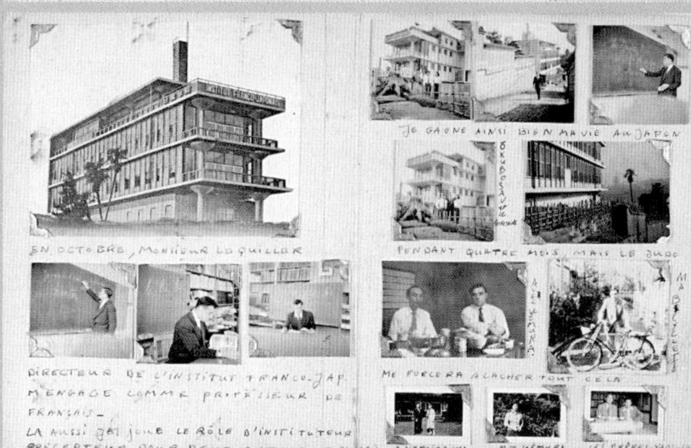

Un voyage en Extrême-Orient était encore, en 1952, une aventure. Au cours du trajet à bord de la *Marseillaise*, jalonné d'étapes – Port-Saïd, Djibouti, Colombo, Singapour, Saigon, Hong-Kong – Klein se fait photographier. Durant son séjour de plus d'un an à Tokyo, il amasse toutes sortes de souvenirs, qu'il réunit dans un album. Les photographies liées au judo y occupent une place de choix, à côté de celles qui retracent ses visites touristiques et ses rencontres. L'exposition des œuvres de ses parents, qu'il a contribué à organiser à Tokyo en 1953, y est documentée. En revanche, aucune image ne vient confirmer que Klein a bien eu quelques velléités artistiques personnelles durant son séjour à Tokyo. Plus tard, il affirmera en diverses occasions, notamment dans une note biographique adressée à Paul Wember au moment où il préparait son exposition « *Monochrome und Feuer* », à Krefeld en 1961 : « Au Japon, petite manifestation monochrome entre amis peintres, judokas et critiques d'art. » De cette exposition supposée, réunissant de petits monochromes, comme de celle qu'il aurait organisée « en privé, à Londres, en 1950 », il n'a conservé aucune trace tangible.

l'aident à maintenir un rythme de travail éprouvant. En janvier 1953, il est ceinture noire 1er dan, et il retrouve son rang initial, 2e dan, en juillet. La suite sera plus difficile encore, car il lui faut obtenir le 4e dan pour surclasser, à son retour, ses compatriotes. À sa demande, sa tante a intercédé en sa faveur. A-t-elle, de surcroît, offert un don aux œuvres du Kôdôkan pour appuyer sa missive ? Quoi qu'il en soit, ce titre lui est décerné, à la surprise générale.

Durant son séjour à Tokyo, Klein organise une exposition des œuvres de ses parents, qui connaît un réel succès. En revanche, l'exposition de petites gouaches qu'il présente chez lui se solde par un échec total. S'agissait-il de gouaches monochromes, comme croit s'en souvenir l'un de ses amis, le critique Shinichi Seigi ? Aucune trace des œuvres ou de l'accrochage n'a été conservée. À cette époque, Klein, entièrement requis par le judo, n'envisageait pas encore un autre avenir.

Après avoir obtenu le diplôme convoité, Klein quitte le Japon, où il a filmé des séquences de katas – des exercices fondamentaux qui requièrent une grande concentration – et pris de nombreuses photographies en vue de réaliser un livre sur le judo dans sa forme la plus pure. Le voyage au Japon, rare à cette époque, confère à Klein une aura dont il est bien décidé à tirer profit.

Déception

Dès son retour à Paris, en février 1954, Klein, confiant en son avenir de judoka, se rend à la Fédération française de judo. À sa grande surprise, les responsables refusent de valider ses grades conquis au Japon. Il doit les acquérir de nouveau. Humilié et furieux, Klein rejette la procédure qui lui est proposée : son espoir d'un avenir brillant s'effondre. Non seulement il ne pourra pas disputer les prochains championnats d'Europe, mais, d'évidence, jamais il ne dirigera, comme il l'avait

“Je pensais toujours qu'il valait beaucoup mieux défoncer les portes que perdre du temps à chercher leur clef et de pas arriver, faute de calme et de sang-froid, à trouver le trou de leur serrure. En arrivant au Japon, je me moquais des katas et de tous les secrets qui étaient supposés s'y trouver cachés. [...] Il m'a fallu six bons mois, au Japon, de bagarres sensationnelles et déchaînées à côté des sages et savants katas pour m'arrêter un jour, essoufflé, crevé et agacé contre une dernière porte, trop épaisse celle-là, pour finalement prendre rageusement la clef que me tendait depuis longtemps déjà, en souriant doucement, un de ces vieux maîtres du Kôdôkan. [...] Le public jeune ne voit rien d'intéressant dans le fait qu'on ouvre une porte avec une clef.”

Yves Klein, « Avant-propos », *Les Fondements du judo*, 1957

À son retour du Japon, Klein prépare un livre didactique, *Les Fondements du judo*, dans lequel les images jouent un rôle primordial. On le voit ici réalisant avec Igor Corréa, sur le toit de La Coupole, à Paris, boulevard du Montparnasse, le kata qui figure sur la couverture de ce livre, publié en novembre 1954.

secrètement espéré, la Fédération française de judo. Plus grave encore, l'enseignement officiel du judo lui est interdit.

Peu après cet échec, la Fédération espagnole de judo sollicite ses services. Klein part pour Madrid comme conseiller technique et il enseigne, cette fois encore, dans le club de Franco de Sarabia. En novembre paraît aux Éditions Bernard Grasset son ouvrage *Les Fondements du judo*, abondamment illustré de photographies. Revenu à Paris, il accepte de donner des cours de judo à l'American Center. Cette tâche, qu'il assumera jusqu'en 1958, lui assure un revenu modeste mais régulier. Il est d'autant plus utile que la salle de judo qu'il a ouverte en septembre 1955 grâce au concours de sa tante Rose doit fermer définitivement au début de l'été suivant : Klein commence à se tourner vers la peinture.

“On m'a souvent demandé si le judo avait joué un rôle dans ma conception picturale. J'ai toujours, jusqu'à présent répondu que non. En fait, c'est inexact : le judo m'a apporté beaucoup [...]. Voici en substance ce que je sais du judo : D'abord un grand principe : "avoir l'esprit de la victoire". Il faut considérer les défaites comme des étapes importantes vers la victoire finale.”

Klein, sans date

En 1954, Klein a 26 ans. Sans abandonner tout à fait le judo, il se tourne vers l'art et parvient à n'être ni un artiste abstrait ni un peintre figuratif. Inaugurée par une plaquette confidentielle, puis par le refus de son tableau au salon des peintres abstraits, sa carrière s'engage mal, mais en judoka émérite, il retourne la situation. Ses expositions se succèdent à un rythme soutenu, en France et à l'étranger. Moins de quatre ans après ses débuts artistiques, Klein obtient la commande de grandes décorations murales pour un opéra, en Allemagne.

CHAPITRE 2

YVES LE MONOCHROME

Au début de sa carrière, Klein aimait se faire photographier les outils à la main. Il pouvait ainsi, en 1956, conforter son appartenance et afficher sa différence en exhibant, outre le traditionnel couteau à palette, un rouleau à peindre – attribut des peintres en bâtiment. Comme le rouleau, les éponges introduisent une rupture.

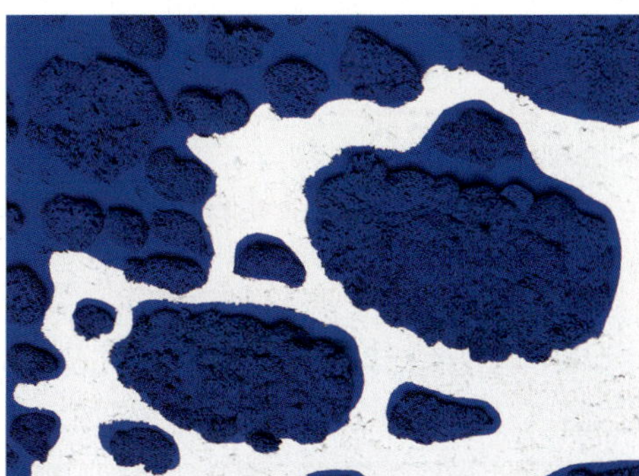

À Madrid, les rapports de Klein avec la Fédération espagnole de judo se dégradent rapidement. Évincé à Paris, ne parvenant pas à s'imposer en Espagne, il comprend que le judo ne lui offrira pas l'avenir pour lequel il avait travaillé avec une belle énergie. C'est alors qu'il imagine de concrétiser une anticipation de ses œuvres à venir sous la forme d'une « plaquette de reproductions ». Elle put être réalisée en 1954 grâce aux presses de Franco de Sarabia.

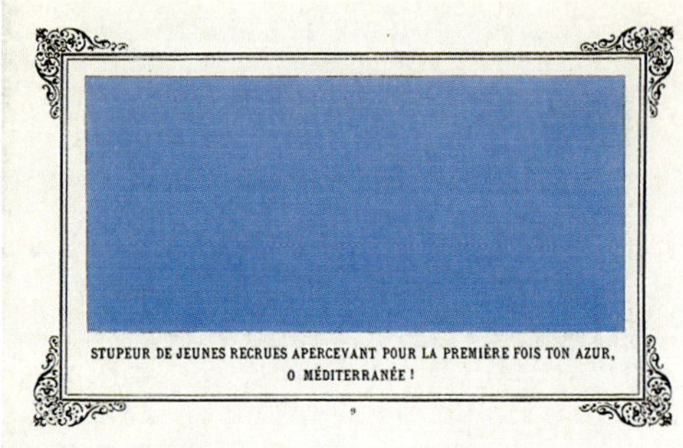

Cette planche de l'*Album primo-avrilesque* publié par Alphonse Allais en 1897, « Stupeur de jeunes recrues apercevant pour la première fois ton azur, ô Méditerranée », doit une part de sa célébrité aux monochromes de Klein, et surtout au succès de son bleu IKB. D'ailleurs, depuis que l'on se demande si Klein connaissait l'*Album primo-avrilesque*, cette amusette a été l'objet de trois rééditions. Une focalisation sur les ressemblances entre les planches d'Allais et celles de Klein masque l'essentiel : leurs différences, considérables. Allais reste tributaire de la peinture du XIXe siècle, engoncée dans de lourds cadres dorés et, surtout, toujours figurative, tandis que les aplats colorés de Klein, nus, sans cadres, ignorent délibérément toute représentation.

Yves Peintures

Cette plaquette, intitulée *Yves Peintures*, comprend dix planches et une préface de Pascal Claude. Il s'agit d'un portfolio : sous une jaquette verticale sont réunis des feuillets libres. La « préface », signée du nom et du prénom inversés de son ami Claude Pascal, ne comprend que des lignes noires, figurant, sans texte, la forme et la disposition de paragraphes. Les planches doivent être vues horizontalement. Chacune d'elles présente, au recto, un rectangle de couleur découpé de manière artisanale, dans du papier coloré, uni. Certains de ces rectangles collés sur la page blanche portent la mention « Yves », imprimée en bas et à droite. Tous sont légendés. La date, un nom de lieu et des dimensions, typographiés, tendent à faire passer ces rectangles de couleur pour des reproductions de tableaux peints à Nice, Paris, Londres, Tokyo ou Madrid au cours des années précédentes. Ainsi, en 1954, « Yves » serait déjà un peintre assez connu pour qu'un ouvrage lui soit consacré. Or non seulement il n'avait jamais exposé dans quelque galerie que ce soit, mais aucun des tableaux « reproduits » n'a été retrouvé.

Parallèlement, Klein réalise selon le même principe un second livre, *Haguenault Peintures*. La seule différence significative avec *Yves Peintures*

tient au fait que les collections auxquelles appartiennent les tableaux sont mentionnées. Le colophon stipule que chacun des deux recueils fut imprimé à 150 exemplaires. Seul un petit nombre d'entre eux ont été effectivement assemblés par Klein, sans souci d'homogénéité, car les rapports entre les légendes et les couleurs varient notablement d'un exemplaire à l'autre.

La comparaison de ces deux recueils de planches avec l'*Album primo-avrilesque*, publié par Alphonse Allais en 1897, reste troublante. L'humoriste du Chat-Noir avait exposé des œuvres « monochroïdales » au Salon des arts incohérents

À son retour de Madrid où il avait réalisé *Yves Peintures*, Klein avait montré sa « plaquette de reproductions » à des artistes, et noté : « Aux premières pages, déjà, les yeux des abstraits changèrent. Leurs yeux s'allumèrent et, dans le fond, apparaissaient de belles et pures couleurs unies. »

quelques années auparavant, et il avait adjoint diverses variations sur le thème de l'aplat uni, et cependant figuratif, à son déjà célèbre bristol blanc de 1883, titré *Première communion de jeunes filles chlorotiques par un temps de neige*. Parmi ces variations, *Stupeur de jeunes recrues apercevant pour la première fois ton azur, ô Méditerranée!* a fait le bonheur des détracteurs de Klein, peintre du bleu.

Refusé au Salon des Réalités nouvelles...

Revenu à Paris, Klein montre son livre à des artistes. Il teste leurs réactions et surtout il se présente comme peintre. Pour le devenir aux yeux de tous, il lui faut emprunter le chemin habituel pour un jeune artiste, à cette époque : exposer dans un Salon, puis accéder au monde des galeries. Il prépare donc un tableau uni, *Expression de l'univers de la couleur mine orange*, et l'adresse au comité d'organisation du Salon des Réalités nouvelles. Fondé en 1946, ce Salon est exclusivement consacré à l'art abstrait. Sa mère y expose régulièrement.

Klein est confiant. Le comité refuse pourtant son tableau. En réponse à la lettre qui le lui annonce, l'artiste certifie que ses intentions sont « absolument sérieuses et sincères ». Il plaide encore sa cause dans un second courrier : « Mon tableau représente une idée d'unité absolue dans une parfaite sérénité : idée abstraite représentée de façon abstraite, parfaitement en accord avec vos Statuts. »

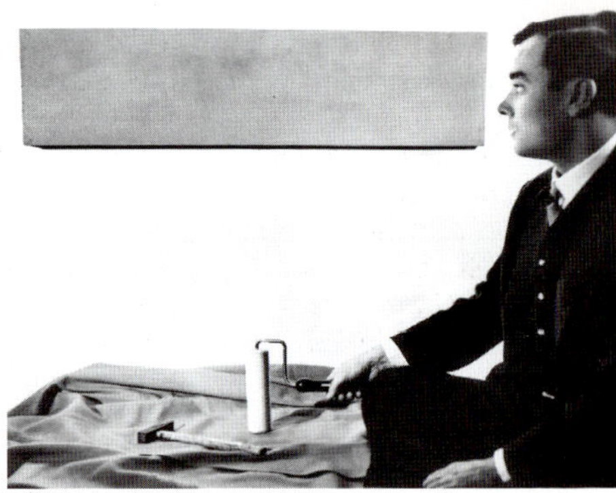

Klein, ici photographié en 1955, aimait se mettre en scène. Il contrôlait ainsi les effets de la « documentation » sur la réception de son œuvre. L'artiste a répudié les vêtements de travail, et le rouleau, immaculé, s'est substitué au pinceau.

Embarrassés, les membres du comité font savoir à Marie Raymond qu'ils ne peuvent exposer une telle œuvre. Klein a transcrit leur demande avec un plaisir manifeste : « Vous comprenez, ce n'est vraiment pas suffisant tout de même; alors, si Yves acceptait au moins d'ajouter une petite ligne, ou un point, ou même simplement une tache d'une autre

Ce monochrome, *Expression de l'univers de la couleur mine orange* (1955), fut refusé par le comité du Salon des Réalités nouvelles, qui craignait sans doute qu'une telle œuvre discréditât le sérieux de sa manifestation annuelle, consacrée à la défense de l'abstraction, alors décriée. Une pétition en faveur de Klein circula. Selon une rumeur invérifiable, ses amis se rendaient régulièrement au Salon et demandaient où était accrochée son œuvre. Klein ne fut pas la seule victime d'un refus à ce Salon : François Morellet et Ellsworth Kelly y ont connu la même mésaventure.

couleur, nous pourrions l'accrocher, mais une seule couleur unie, non, non, vraiment ce n'est pas assez, c'est impossible ! »

Klein ne cède pas. Par la suite, il supprimera toute signature visible au recto de ses tableaux. En d'autres termes, le jeune artiste radicalise sa position. Il sait, chacun sait, depuis le Salon des refusés de 1863, où Manet exposa, qu'il est possible de transformer un rejet initial en gage d'authenticité. Avec le temps, le refus opposé à un artiste novateur par ses aînés peut devenir une étape capitale de sa légende dorée.

... Yves le Monochrome n'est pas un peintre abstrait

Pour métamorphoser le refus en intronisation, encore faut-il parvenir à s'imposer, ailleurs, autrement. À cette fin, Klein organise une exposition personnelle, « Yves Peintures », dans les salons privés des Éditions Lacoste, le Club des solitaires. Le soir du vernissage, le 15 octobre 1955, les amis sont présents, mais ni les critiques, ni les galeristes, ni les collectionneurs. Le Club des solitaires ne fait nullement partie des lieux qu'ils fréquentent et l'artiste est encore inconnu.

Les tableaux accrochés aux cimaises sont de diverses couleurs, mais chacun d'eux n'en comporte qu'une seule, sans nuance de ton ou de valeur. Un feuillet explicatif mis à la disposition des visiteurs précise que les recherches de l'artiste l'ont « amené à peindre des tableaux unis monochromes ». C'est la première fois que ce terme, « monochrome », est utilisé dans le contexte artistique en ce sens.

À partir de 1955, Yves Klein réalise des tableaux monochromes de diverses couleurs, semblables à ceux dont il avait livré, par anticipation, une reproduction dans sa plaquette *Yves Peintures* (1954). Mais Klein n'est pas un artiste dogmatique quand il met en œuvre ses préceptes : sur ce monochrome vert (1955-1956), apparaissent de subtiles nuances de ton.

Jusqu'alors, il s'appliquait à des camaïeux ou, plus souvent encore, à des grisailles. La réduction à une seule couleur n'éliminait pas le dessin et elle s'accordait volontiers, depuis l'Antiquité, avec les effets de trompe-l'œil.

Avant Klein, plusieurs artistes avaient peint des tableaux d'une seule couleur, unie. À cet égard, le *Carré noir* de Malévitch, nommé également *Carré noir sur fond blanc*, prête encore à discussion. En revanche, les trois tableaux présentés par Rodtchenko à Moscou en 1921, peints respectivement en jaune, bleu et rouge, étaient vraiment « monochromes », même si le terme n'était pas employé. Il en va de même pour les *White Painting* et les *Black Painting* exposées en 1953 par Rauschenberg, à New York. C'est pourquoi, bien qu'il ne fût pas le premier à peindre

Dès le début de sa carrière, l'artiste reconsidère ses œuvres antérieures pour conférer l'image d'un développement aussi harmonieux que logique à son œuvre complet. Ainsi, lors de son exposition au Club des solitaires, en 1955, il fait prendre des clichés de visiteurs qui consultent *Yves Peintures* (ci-dessus).

Comme le monochrome vert (page de gauche), ce monochrome rouge témoigne des premiers essais picturaux de Klein. Non seulement l'artiste vagabonde de couleur en couleur, mais il varie les formats, verticaux ou horizontaux, tantôt particulièrement allongés, ou plus traditionnels – figure, paysage, marine. Avec ce monochrome rouge, sans titre, de 1950, Klein recourt à l'un des emblèmes de la modernité : le carré.

de tels tableaux, il est possible de dire que Klein est bel et bien l'inventeur du « genre ».

Dans le cadre de son exposition du Club des solitaires, l'artiste revendique encore son abstraction. Plus tard, il ne cessera d'affirmer : « Je ne suis pas un peintre abstrait. » Cette position a un triple avantage. Emprunter une troisième voie lui permet de ne prêter allégeance ni à Marie Raymond ni à Fred Klein, de ne froisser ni sa mère ni son père. Plus important encore, cela lui permet de ferrailler avec les peintres abstraits, et surtout avec les artistes gestuels, dont l'expressionnisme lui fait horreur. Enfin, il peut ainsi se présenter comme l'initiateur d'une innovation radicale promise à un beau succès : la peinture monochrome.

Des « Propositions monochromes »

Des commentaires moqueurs sur l'exposition du Club des solitaires incitent un jeune critique d'art, Pierre Restany, à la visiter. Puis il rencontre Klein, dont il devient l'ami. C'est le début d'une

“Après être passé par plusieurs périodes, mes recherches m'ont amené à peindre des tableaux unis monochromes. Mes toiles sont donc recouvertes chacune par une ou plusieurs couches d'une seule couleur unie après une certaine préparation du support et par de multiples procédés techniques. Aucun dessin, aucune variation de teinte n'apparaît ; il n'y a que de la couleur bien UNIE. En quelque sorte la dominante envahit le tableau. Je cherche ainsi à individualiser la couleur, car j'en suis venu à penser qu'il y a un monde vivant de chaque couleur et j'exprime ces mondes.”

Yves Klein, texte de présentation de l'exposition « Yves Peintures » au Club des solitaires, 15 octobre 1955

Klein en costume de chevalier de l'ordre des Archers de Saint-Sébastien (1956) : ses détracteurs ont souvent raillé son goût pour les « déguisements ». Dans son *Press-Book*, il commente ainsi sa devise de chevalier : « J'épouse la cause de la pure couleur, envahie par ruse, occupée et opprimée lâchement par la ligne. »

collaboration exemplaire. Colette Allendy, qui depuis quelques années expose des artistes d'avant-garde, accepte de présenter les œuvres de Klein à condition qu'un critique lui garantisse le sérieux de son travail. Restany sert de caution et il rédige « La minute de vérité » pour le carton d'invitation à l'exposition qu'il avait suggéré d'intituler « Yves. Propositions monochromes ». Cette locution est remarquable car elle met l'accent sur la « monochromie » et elle n'utilise pas le terme « tableau », ou « peinture ». La singularité des œuvres de Klein a désormais trouvé un équivalent dans le langage qui les qualifie.

Ce coup de force discursif va s'avérer déterminant pour l'intellection de l'œuvre. Klein en saisit sur-le-champ les avantages. Il signera désormais nombre de ses réalisations et de ses interventions « Yves le Monochrome ». L'« aventure monochrome », jusqu'alors en gestation confidentielle, éclatait au grand jour, dans un lieu reconnu.

Lors du vernissage de l'exposition, le 21 février 1956, Klein rencontre Marcel Barillon de Murat, chevalier de l'ordre des Archers de Saint-Sébastien. Le 11 mars, l'artiste est adoubé chevalier de cet ordre et choisit comme devise : « Pour la couleur ! Contre la ligne et le dessin ! » Il avait trouvé là une part de son argumentaire. Sous le titre *La Guerre*, il rédige une « Esquisse de scénario » pour un film hypothétique retraçant les grandes étapes du combat de la ligne avec la couleur. Delacroix devient l'une de ses références majeures.

Bien qu'il n'y fasse jamais directement allusion, Klein prolonge le « débat du coloris » initié, au XVIIe siècle, par les peintres de l'Académie royale. Ce rebondissement inattendu de querelles théoriques tombées, pour le grand public, dans l'oubli est surtout pour lui l'occasion de dégager l'une des caractéristiques essentielles de la monochromie. Exaltation de la couleur, certes, elle se définit fondamentalement par l'unité de la surface, la négation de l'opposition entre la forme et le fond sur lequel elle apparaît. Or, la présence de formes, c'est précisément là ce que les œuvres figuratives et les œuvres abstraites ont en commun. Dans cette perspective, le monochrome se situe bien « ailleurs ».

LA MINUTE DE VÉRITÉ ○ A tous les intoxiqués de la machine et de la grande ville, les frénétiques du rythme et les masturbés du réel, YVES propose une très enrichissante cure de silence asthénique ○ Bien au-delà des dévidages de mondes autres, déjà si peu perceptibles à notre sens commun du raisonnable, à côté sans doute de ce qu'il est convenu d'appeler " l'art de peindre ", au niveau en tous cas des plus pures et plus essentielles résonances affectives, se situent ces propositions rigoureusement monochromes : chacune d'entre elles délimite un champ visuel, un espace colore, débarrassé de toute transcription graphique et échappant ainsi à la durée, vouée à l'expression uniforme d'une certaine tonalité ○ Par dessus le public-public, si commode miroir aux alouettes, les vieux habitués de l'informel se mettront d'accord sur la définition d'un " rien ", tentative insensée de vouloir élever à la puissance + ∞ la dramatique (et désormais classique) aventure du carré de Malévitch ○ Mais il n'y a précisément là ni carré noir ni fond blanc, et nous sommes au cœur du problème. L'agressivité de ces diverses propositions de couleur projetées hors des cimaises n'est qu'apparente ○ L'auteur requiert ici du spectateur cette intense et fondamentale minute de vérité, sans quoi toute poésie serait incommunicable; ses présentations sont strictement objectives. Il a fui jusqu'au moindre prétexte d'intégration architecturale des espaces colores. On ne peut le suspecter d'aucune tentative de décoration murale ○ L'œil du lecteur, si terriblement contaminé par l'objet extérieur, échappant depuis peu à la tyrannie de la représentation, recherchera en vain l'instable et élémentaire vibration, signe auquel il s'est habitué à reconnaitre la vie, essence et fin de toute création... comme si la vie n'était que mouvement. On l'oblige enfin à saisir l'universel sans le secours du geste ou de sa trace écrite, et je pose alors cette question : où, à quel degré d'évidence sensible, se situe donc le spirituel dans l'art ? ○ L'omnisciente dialectique a-t-elle fait de nous des mécanismes de pensée, incapables de totale accomodation sincère ? En présence de ces phénomènes de pure contemplation, la réponse vous sera donnée par les quelques hommes de bonne volonté encore survivants. ○ PIERRE RESTANY ○

L'exposition de 1956 à la Galerie Colette Allendy, pour laquelle Pierre Restany rédige, à la demande de Klein, le texte du carton d'invitation (ci-dessous), scelle leur « association ».

"Je me souviens encore du luxe de précautions dont il s'entoura pour me formuler la demande, dans un bistrot de la rue du Bac voisin du ministère où je travaillais alors. Quand il pressentit qu'il avait de fortes chances d'emporter mon adhésion, il s'épanouit brusquement et, débarrassé de toute contrainte, il donna libre cours à son imagination visionnaire, m'exposant sa conception de la monochromie, de la diffusion de l'énergie dans l'espace, sa fixation par la couleur pure et son imprégnation sur la sensibilité. Il n'avait pas besoin d'en dire plus. Il avait gagné."

Pierre Restany, *Yves Klein le Monochrome*, 1974

Une polychromie décorative

Un débat avec le public est organisé dans le cadre de l'exposition « Yves. Propositions monochromes ». Les discussions permettent à l'artiste de comprendre que ses intentions font l'objet d'un malentendu. Au lieu de concentrer leur attention successivement sur chaque monochrome, les amateurs considèrent l'ensemble, la juxtaposition sur un même mur de panneaux aux couleurs variées. Ainsi leur échappe l'autonomie des « propositions », dès lors simples éléments d'une « polychromie décorative ».

Accrochés à des hauteurs différentes sur les cimaises, les panneaux de couleur évoquent un tableau de Mondrian dont les lignes auraient disparu, ou encore les feuilles de couleur que l'artiste, abstrait, disposait sur les murs de son atelier. Klein souhaite répudier les rapports de couleurs. La réponse qu'il apporte au problème s'appuie avec élégance sur une logique implacable : il doit supprimer la diversité colorée et choisit donc de s'en tenir au bleu outremer.

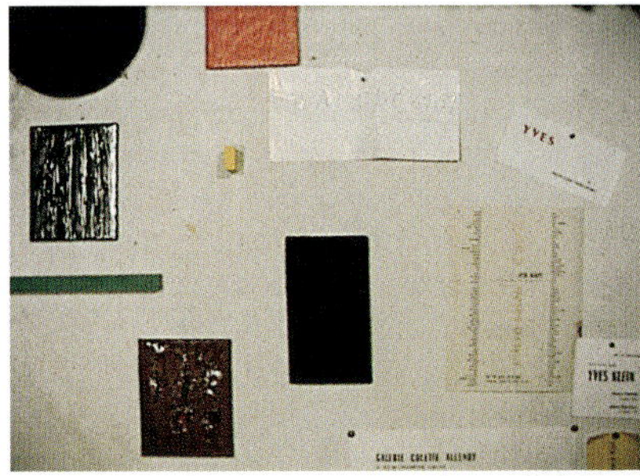

Jean Tinguely a fort justement rapproché la manière dont Klein disposait ses œuvres dans son atelier (en 1956, en haut) et les agencements de cartons colorés auxquels Mondrian se livrait : « [Klein] avait fait des quantités de monochromes, de petits monochromes de toutes les couleurs. Il les avait mis partout au mur et il jouait avec Mondrian. » Tinguely se réfère explicitement à cette « photo-document de l'atelier de Mondrian à New York », en 1944 (ci-dessus, avec, au fond, *Victory Boogie-Woogie* [1943-1944]).

Le bleu IKB

Mais il convient de résoudre une autre difficulté. Klein est fasciné par le pigment pur, mat et lumineux, d'une intensité incomparable, en effet. Or les liants traditionnels qui permettent de fixer les pigments sur le support, l'huile de lin par exemple, altèrent toujours leur éclat.

Aussi son marchand de couleurs, Édouard Adam, met-il au point pour lui un « médium fixatif » à partir d'un acétate commercialisé par les usines Rhône-Poulenc sous le nom de Rhodopas, dissous dans de l'alcool éthylique. Les pigments mélangés à cette préparation conservent une remarquable luminosité, leur aspect demeure mat et ils semblent inaltérés, ou presque. Klein va utiliser cette préparation pour le bleu qu'il nomma International Klein Blue, IKB, la couleur emblématique de son art.

En outre, ce mélange fixatif permet, selon sa dilution, des utilisations variées. Bien entendu, il peut être employé avec tous les pigments, de quelque couleur qu'ils soient. En 1960, l'artiste déposera la formule à l'Institut national de la propriété industrielle, sous la forme d'une enveloppe Soleau : l'IKB devint l'objet d'un mythique « brevet ».

L'« époque bleue », à Milan...

L'occasion de rompre avec les effets d'une « polychromie décorative » est offerte à Klein par son mentor, Restany. Le critique, qui entretient de nombreux contacts en Italie, persuade le galeriste Guido Le Noci d'organiser une manifestation dévolue au bleu, dont il suggère le titre : *« Proposte monocrome, epoca blu »*. Cette première exposition de l'« époque bleue » ouvre ses portes à la Galleria Apollinaire, à Milan, le 2 janvier 1957.

L'enveloppe Soleau relative au « médium fixatif de l'IKB », enregistrée le 19 mai 1960 comprenait deux exemplaires : conformément à la réglementation pour ce mode de dépôt d'une invention, l'un, conservé par l'INPI, fut détruit cinq ans plus tard ; l'autre, reproduit ci-dessous, avait été retourné à l'expéditeur.

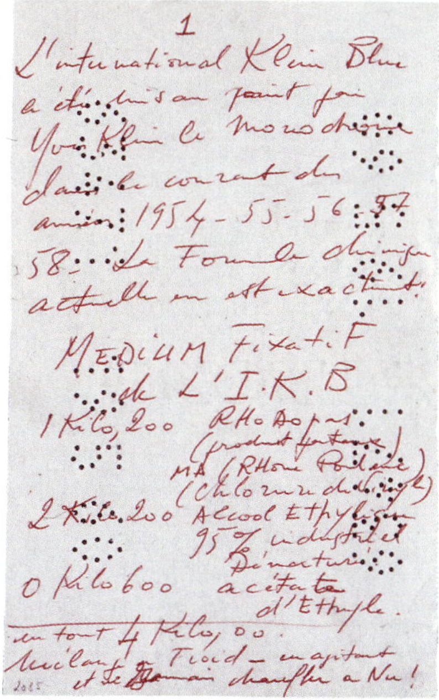

1

L'international Klein Blue
a été mis au point par
Yves Klein le monochrome
dans le courant des
années : 1954-55-56-57
58 : La Formule chimique
actuelle en est exactement :

MEDIUM Fixatif
de L'I.K.B

1 Kilo,200 RHODOPAS
MA (RHone Poulenc)
(Chlorure de vinyle)
2 Kilo,200 Alcool Ethylique
95 % industriel
Dénaturé
0 Kilo 600 acétate
d'Ethyle.
en tout 4 Kilo,00.
Mélanger à Froid — en agitant
et Ne jamais chauffer à Nu !

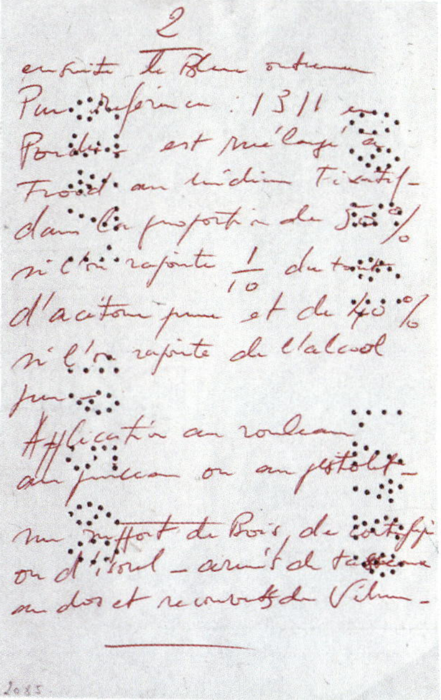

2

ensuite le Bleu outremer
Pur de référence : 1311 en
Poudre est mélangé à
Froid au médium Fixatif —
dans la proportion de 50 %
si l'on rajoute 1/10 du total
d'acétone pure et de 40 %
si l'on rajoute de l'alcool
pur.
Application au rouleau
au pinceau ou au pistolet —
sur support de Bois, de carton
ou d'isorel — armé de tarlatane
au dos et recouvert de Vélum —

Klein affirme à juste titre : « L'art n'est pas de la magie ni de l'occultisme comme certains voudraient le croire. » L'exercice de la peinture est en effet toujours tributaire de choix techniques. À ses débuts (page de gauche, *IKB 46*, 1955), Klein triture la matière avec les mains ou avec un couteau à peindre : « Une sorte d'emprise académique s'empare de moi et me force, pour quelque temps seulement par bonheur, [...] à me fabriquer une "facture" par une sorte de relief de la matière à la surface des tableaux que je tourmente dans la pâte à l'exécution pour obtenir une sorte d'accrochage de la lumière [...]. » L'artiste adopte ensuite le rouleau. « Plus anonyme », il instaure « une "distance" ». La diversité des rouleaux engendre des effets variés, mais chacun crée une texture régulière (ci-contre, en haut *IKB 98*, 1957 et, en bas, un détail de la surface). Elle satisfait l'artiste : « La composition, la trame même de mes tableaux, c'est la texture de la matière picturale, elle doit être effacée, très travaillée, forte, sérieuse, pour laisser voir dans toute sa splendeur, la couleur. »

Yves Klein, Adriano et Ada Parisot, Pierre Restany, Lutka Pink, photographiés en janvier 1957 dans la Galleria Apollinaire, à Milan, lors l'exposition de l'artiste « *Proposte monocrome, epoca blu* » (ci-contre). Pierre Restany, bien introduit en Italie, entretenait d'excellentes relations avec Guido Le Noci, le directeur de la Galleria Apollinaire, qu'il parvint à convaincre d'accueillir cette manifestation. Le critique en avait écrit la présentation, *L'epoca blu, il secundo minuto della verità.* Cette exposition, où l'artiste Piero Manzoni découvrit avec grand intérêt les œuvres de Klein, connut un succès d'autant plus vif que Lucio Fontana y acquit un monochrome et que Dino Buzzati publia un article important dans le *Corriere d'informazione* (titre de l'article ci-dessus).

UN FENOMENO ALLA GALLERIA APOLLINAIRE

Blu Blu Blu

Dans la galerie, les onze tableaux exposés sont présentés d'une manière inhabituelle. Détachés de la cimaise, rigoureusement parallèles aux murs, ils sont en tout point semblables. D'un même format, d'une même texture, et surtout entièrement recouvertes, bords compris, du même bleu, ces « propositions monochromes » semblent aller au-devant du spectateur. L'absence de cadre comme les angles légèrement arrondis des supports, pour que des arêtes vives ne nuisent pas à la diffusion de la couleur dans l'espace, concourent à leur pouvoir de « rayonnement », une qualité que Klein recherchait avant toute autre.

La manifestation ne passe pas inaperçue. Par un heureux hasard, c'est Dino Buzzati qui est chargé de la chroniquer pour le *Corriere d'informazione.* Son article, « Blu Blu Blu » et l'achat d'un monochrome bleu par un artiste réputé, Lucio Fontana,

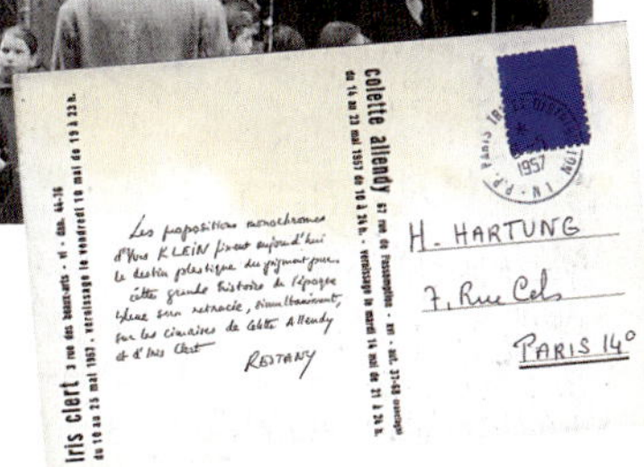

contribuent à forger une stature internationale au peintre, jusqu'alors inconnu, ou presque.

... et à Paris

Après son coup d'éclat milanais, Klein bénéficie d'une série d'expositions personnelles. À Paris, tout d'abord, s'ouvre une manifestation en deux volets. Le texte du carton d'invitation, dû à Restany, annonce : « Les propositions monochromes d'Yves Klein fixent aujourd'hui le destin plastique du pigment pur. Cette grande histoire de l'époque bleue sera retracée, simultanément, sur les cimaises de Colette Allendy et d'Iris Clert. » Ce carton, format carte postale, est affranchi avec un timbre bleu outremer, uni, que les services postaux ont accepté d'oblitérer.

Chez Iris Clert, l'exposition s'ouvre le 10 mai 1957. Ce soir-là, peu avant le vernissage proprement dit, Yves, Iris et leurs amis partent de la galerie avec des grappes de ballons bleus gonflés à l'hélium et, devant l'église Saint-Germain-des-Prés, toute proche, les lâchent dans le ciel. Plus tard, Klein affirmera qu'il y avait mille et un ballons – en

Les ballons bleus rassemblés devant la Galerie Iris Clert, rue des Beaux-Arts, le 10 mai 1957, soir du vernissage de la double exposition de l'« époque bleue », annoncée par le carton au timbre bleu : dans *Iris-Time. L'artventure* (1978), la galeriste affirme avoir eu l'idée d'un lâcher de ballons pour « attirer l'attention des Parisiens » sur le « jeune inconnu ». Claude Rivière, critique d'art, s'en serait offusqué : « C'est honteux ! C'est faire de la publicité commerciale ! »

Yves Klein, dans le jardin de la Galerie Colette Allendy, au 67, rue de l'Assomption, à Paris, pose devant son *Tableau de feu bleu d'une minute*. Au cours du vernissage de son exposition, le 14 mai 1957, lorsque la nuit fut tombée, l'artiste alluma les seize feux de Bengale. Cet événement correspond pleinement à ce que Pierre Restany nommera, plus tard, une « action-spectacle ». Celle-ci, contrairement au *happening*, « n'épuise pas son sens au fur et à mesure de son déroulement » puisque, à la fin du spectacle, « la trace tangible en demeure ». L'événement fut filmé, en couleur, et l'œuvre, qui arbore les stigmates de sa mise à feu, est conservée dans la Menil Collection à Houston.

référence aux *Contes des Mille et Une Nuits* ? – et il transformera ce lâcher en une œuvre à part entière : sa *Sculpture aérostatique*.

L'artiste a ménagé un autre événement pour le vernissage du second volet. Le soir du 14 mai, dans le jardin de Colette Allendy, il procède à l'allumage des feux de Bengale disposés sur un monochrome bleu installé sur un chevalet. Ce spectacle éphémère est destiné à « s'agrandir dans le souvenir, dans la mémoire visuelle ». Un film en couleur témoigne de ce moment exceptionnel et rend compte des deux expositions. Anticipant les besoins d'une postérité, Klein élabore une documentation visuelle irréfutable. Il avait parfaitement assimilé la logique du musée imaginaire, et celle d'un monde dans lequel il ne servirait à rien de faire quoi que ce soit si l'on n'était pas capable, aussi, de le faire savoir.

Les expositions parisiennes viennent de s'achever quand s'ouvre une nouvelle manifestation. Organisée à Düsseldorf, elle inaugure la Galerie Alfred Schmela. Dans cet espace aux dimensions modestes, Klein présente des monochromes de diverses couleurs. Puis, à Londres, la Gallery One accueille, à la fin de juin, une exposition qui comporte un ensemble de monochromes bleus et un choix de « propositions » blanches, noires, vertes, rouges, jaunes ou roses.

La période bleue a frappé les esprits. Klein ne s'y attarde pas, s'y enferme encore moins. Il lui importe bien davantage de montrer combien la monochromie est riche de potentialités. Alors que l'on n'avait vu là qu'une facétie, une expérience passagère ou encore l'ultime étape avant la mort de la peinture, Yves le Monochrome prouve qu'elle peut au contraire en manifester la vitalité.

L'inauguration de la petite galerie ouverte par Alfred Schmela à Düsseldorf le 31 mai 1957 ne passa pas inaperçue : l'exposition des *Propositions monochromes* de Klein (ci-contre) connut un réel retentissement, bien que la presse émît souvent des avis négatifs. Les artistes, en revanche, notamment ceux du groupe Zero, lui réservèrent un bon accueil. L'architecte Werner Ruhnau acheta un monochrome blanc et Paul Wember, directeur du musée de Krefeld, en acquit un bleu.

À Londres, pour son exposition à la Gallery One (24 juin-13 juillet 1957), la presse fut généralement dubitative, ou amusée (ci-dessous, un article de juin 1957, collecté par Klein dans son *Press-Book*).

who paints NOTHING

MONSIEUR YVES KLEIN, an artist from Paris, paints nothing. And he does it with a do-it-yourself roller.
Klein, who is twenty-nine, is a very ordinary lounge-suited gent.
Yet his canvases are always painted in one colour. At the moment he's going through a "blue period."
Just blank canvases of Oxford blue.
Klein is holding a three-week exhibition of his work in London.
Yesterday afternoon I said to him: "Come off it. You can't be serious."
He shook his dark head. "I believe in it . . ." he said.

'IT'S SO PEACEFUL'

SAID Mr. VICTOR MUSGRAVE, who owns the West End gallery where the show is being held:
"It is all so calm and peaceful, don't you think?
"It is the texture that makes it."
By the way, Klein has also designed stamps for France.
They are all plain Oxford blue.
You can smile. Klein holds an exhibition of his work every fifteen days.
Since January he has sold around fifty pictures of NOTHING at prices ranging from £10 to £50.

Artist YVES KLEIN with one of his paintings—see "The Artist Who Paints

L'opéra de Gelsenkirchen

L'occasion d'en faire la démonstration lui est offerte en Allemagne. Lors de son exposition à la Galerie Schmela, Klein rencontre les artistes du groupe Zero, et Norbert Kricke lui suggère de poser sa candidature pour la décoration d'un opéra en construction. Gelsenkirchen, ville industrielle de la Ruhr, durement touchée par la guerre, en a confié la conception à l'architecte Werner Ruhnau. Celui-ci souhaite s'entourer d'une équipe d'artistes résolument tournés vers l'avenir.

Encouragé par Ruhnau, Klein soumet un projet pour le vaste foyer de l'opéra. La commission donne son aval en janvier 1958 et l'artiste commence sur place la réalisation de ses œuvres à la fin de l'année. Sur les murs du fond, deux *Reliefs-éponges* de 5 x 10 m répondent aux deux immenses monochromes disposés sur les murs latéraux. Chacun mesure 7 x 20 m. L'ensemble est bleu IKB. La surface des grands monochromes, très travaillée, confère à cette masse de couleur unie une énergie sans pareille. L'artiste a projeté l'IKB sur des fonds modelés à l'échelle du bâtiment. « Et c'est pourquoi – écrit-il – vous voyez ce relief remuer, chatouiller, exciter la couleur, le bleu. »

Sur place, il est aidé dans sa tâche par un assistant, son ami Jean-Pierre Mirouze, et par Rotraut Uecker, qu'il a rencontrée à Nice, alors qu'elle était jeune fille au pair chez Arman. Ils se marieront en 1962.

Pour les quatre panneaux muraux qui décorent le foyer situé au premier étage de l'opéra de Gelsenkirchen (ci-dessous, une vue partielle de la partie droite de l'espace), Klein avait vu grand – trop, au regard des aspects financiers de l'entreprise. Confronté à des difficultés techniques qui alourdirent les coûts, l'artiste ne gagna rien, hors la gloire. Il dut même puiser dans ses propres deniers pour achever cette réalisation, aujourd'hui classée monument historique.

L'inauguration de l'opéra a lieu de 15 décembre 1959. Outre les quatre monochromes du foyer, situé au premier étage du bâtiment, Klein a réalisé deux *Reliefs-éponges* pour le rez-de-chaussée. De plus petites dimensions (3 x 9 m), ils annoncent la vibration spatiale du bleu qui règne à l'étage supérieur. L'exceptionnelle réussite de cet ensemble va permettre à Klein de s'imposer très rapidement en Allemagne comme un artiste de premier plan. Les collections allemandes ont rapidement acquis des œuvres de l'artiste et c'est à Krefeld, une ville proche de Gelsenkirchen, que sera organisée, en 1961, sa première exposition dans un musée.

Klein dans une nacelle, à Gelsenkirchen, tandis qu'il travaille à l'un de ses *Reliefs-éponges* (1958-1959). Sur la droite du document, le grand panneau au relief accusé, dont nous voyons ici une partie, est en attente du bleu qui sera, *in fine*, projeté au pistolet.

Au moment où Klein s'emploie à faire triompher le bleu, son bleu, il songe déjà à autre chose : la couleur matérielle et visible, si rayonnante qu'elle puisse être, constitue encore un obstacle. Pour en triompher, il lui faut dépasser la problématique de l'art, le projeter dans l'invisible, là où l'essence de la peinture peut vraiment s'épanouir et agir avec une efficacité sans pareille. L'artiste va donc s'employer à « immatérialiser » le bleu. Aux fastes de la couleur seule, Klein substitue l'invisible et ses enchantements.

CHAPITRE 3

LE DÉPASSEMENT DE LA PROBLÉMATIQUE DE L'ART

Yves Klein s'enfonce dans son « espace du "Vide" » – une petite pièce consacrée, lors de son exposition au musée de Krefeld en 1961, à la présence de la « sensibilité picturale immatérielle » (page de gauche). Là, comme avec les éponges saturées de bleu (ci-contre), tout est affaire d'*imprégnation*, une notion centrale dans la pensée de l'artiste.

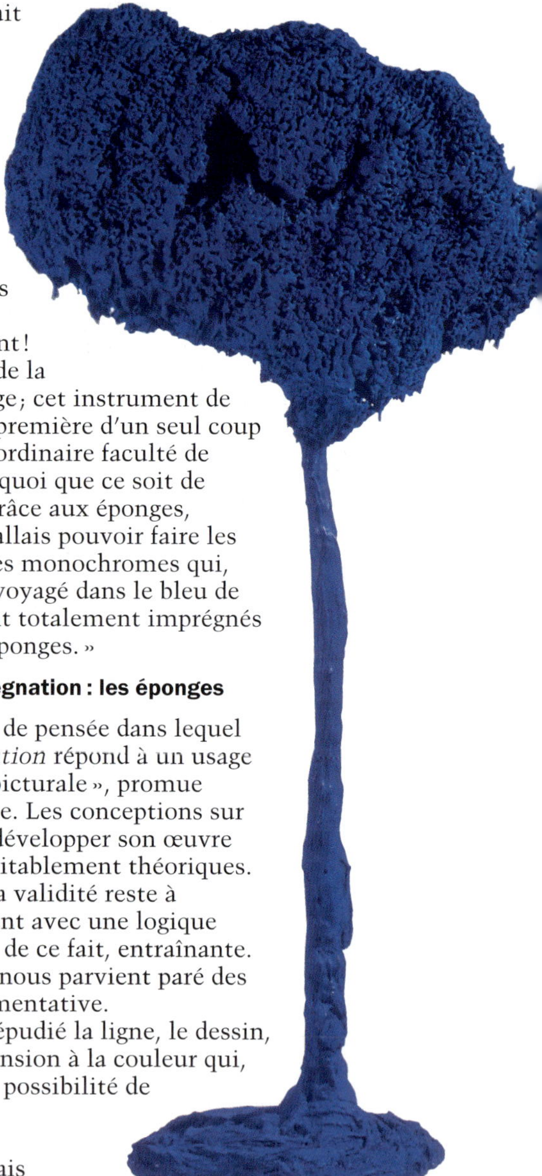

À Gelsenkirchen, Klein avait intégré une multitude d'éponges aux panneaux muraux qu'il réalisa. Ce n'était pas la première fois qu'il en employait. Leur faculté d'absorption le fascinait: « En travaillant à mes tableaux dans mon atelier, j'utilisais parfois des éponges. Elles devenaient bleues très vite, évidemment! Un jour, je me suis aperçu de la beauté du bleu dans l'éponge; cet instrument de travail est devenu matière première d'un seul coup pour moi. C'est cette extraordinaire faculté de l'éponge de s'imprégner de quoi que ce soit de fluidique qui m'a séduit. Grâce aux éponges, matière sauvage vivante, j'allais pouvoir faire les portraits des lecteurs de mes monochromes qui, après avoir vu, après avoir voyagé dans le bleu de mes tableaux, en reviennent totalement imprégnés en sensibilité comme des éponges. »

Sensibilité picturale et imprégnation : les éponges

Klein a élaboré un système de pensée dans lequel la métaphore de l'*imprégnation* répond à un usage extensif de la « sensibilité picturale », promue qualité du tableau lui-même. Les conceptions sur lesquelles il s'appuie pour développer son œuvre sont plus poétiques que véritablement théoriques. À partir de prémices dont la validité reste à démontrer, elles s'enchaînent avec une logique parfaitement rigoureuse et, de ce fait, entraînante. Avec Klein, le merveilleux nous parvient paré des prestiges d'une trame argumentative.

L'artiste avait d'emblée répudié la ligne, le dessin, pour donner toute son expansion à la couleur qui, comme l'éponge, détient la possibilité de devenir un réceptacle: « La ligne peut être infinie, comme le spirituel l'est, mais

elle n'a pas la qualité de remplir
le tout incommensurable,
elle n'a pas cette faculté de
s'imprégner qu'a la couleur. »
Peindre, pour Klein, ne consiste pas à déposer de la couleur pour faire apparaître ses intentions. Il s'agit pour lui de fixer sur la toile le « moment pictural qui est né d'une illumination par imprégnation dans la vie elle-même ». L'artiste est alors un « médium » ou, si l'on préfère un terme plus neutre, un passeur. Il capte des « événements poétiques » qui viennent s'inscrire dans la couleur, réceptacle de phénomènes qui n'ont rien à voir avec la psychologie du peintre.

Vue de l'exposition d'Yves Klein « Bas-reliefs dans une forêt d'éponges », organisée à la Galerie Iris Clert en juin 1959, au moment où l'artiste travaillait à ses compositions de Gelsenkirchen. Jean Cocteau, venu se promener dans cette forêt, aurait émis des réserves sur la présence des tiges qui soutiennent les éponges : « Pourquoi ne pas les supprimer ? » Klein apporte une réponse à cette critique quand il intègre en un tout organique la tige et le socle, qu'il a modelé et peint, de *L'Arbre, grande éponge bleue* (1962, page de gauche).

Ainsi Klein se démarque-t-il de l'expressionnisme abstrait qui tient alors le haut du pavé, tant en Europe qu'aux États-Unis. Il définit l'inspiration comme un « état de communion et d'illumination en présence de tout, de l'artiste ». Ses actes créateurs ne relèvent ni de l'intellect et de sa maîtrise ni des pulsions inconscientes auxquelles le surréalisme avait donné leurs lettres de noblesse. Ils sont plutôt le résultat d'une disponibilité de l'artiste qui le rend capable de saisir le rayonnement de la vie, de la nature, dans toute son intensité, et d'en imprégner la matière picturale du tableau.

De même que nous ne saurons jamais très clairement comment s'opère cette « imprégnation », nous ignorons comment les regardeurs – Klein, quant à lui, parle souvent des « lecteurs » de ses tableaux – perçoivent les qualités spécifiques qui habitent l'« espace colore » ainsi transmué en œuvres dont les pouvoirs ne tiennent pas seulement à leurs caractéristiques visibles. Certes, le « rayonnement » dont ils sont dotés est en partie perceptible, mais la « sensibilité » qui les habite ne peut être saisie avec les yeux du corps.

L'« immatérialisation » du bleu

Une première version de cette *Pluie bleue* (1961, ci-contre) fut accrochée par Klein dans son exposition chez Colette Allendy en mai 1957. Il y présentait diverses autres « sculptures » bleues. Pour cette *Pluie* – les douze tiges, suspendues au plafond, se déploient dans l'espace –, la référence au volume cède la place à l'idée d'une dématérialisation du tableau. Le bleu se répand aussi là où il n'est pas présent car, contrairement à ce que l'on pense, entre les gouttes, il pleut encore.

Peu après sa première exposition de l'« époque bleue » (janvier 1957), Yves le Monochrome prétendit que les onze tableaux présentés à Milan, tous semblables en apparence, étaient affichés à des prix différents. Les amateurs auraient accepté de payer le prix demandé car ils étaient conscients que la qualité des tableaux différait. Ce constat prouvait que la « sensibilité picturale » contenue dans chaque *Proposition* était perceptible « par autre chose que l'apparence matérielle et physique ». Didactique, la fable imaginée par l'artiste nous invite à penser que l'art ne relève pas, ou du moins pas entièrement, du visible.

Yves le Monochrome s'appuie sur Delacroix, qu'il considère comme son maître et auquel il emprunte la notion d'« indéfinissable ». Relevés dans le *Journal* de Delacroix, ces propos ont particulièrement frappé Klein : « Vous pensez que la peinture est un art matériel parce que vous ne voyez qu'avec les *yeux du corps* ces lignes, ces figures, ces couleurs. Malheur à celui qui ne voit qu'une idée précise dans un beau tableau, et malheur au tableau qui ne montre rien au-delà du fini à un homme doué d'imagination. Le mérite du tableau est l'indéfinissable : c'est justement ce qui échappe à la précision : en un mot c'est ce que l'âme a ajouté aux couleurs et aux lignes pour aller à l'âme. »

Les racines philosophiques de l'articulation entre ce que l'on voit et ce qui touche l'âme remontent à Platon, qui opposait, déjà, les organes de la vue et l'œil de l'esprit, seul capable d'apercevoir la vérité. La tradition chrétienne a prolongé cette valorisation de ce qui demeure inaccessible aux yeux du corps. Ainsi, le public de Klein était peu ou prou familiarisé avec des pensées qui articulent et hiérarchisent le visible et l'invisible, avant que l'artiste n'en tire des conséquences radicales.

La fiction des prix différents pour des œuvres identiques permit à Klein d'entrevoir un possible prolongement. Pourquoi ne pas présenter directement le « rayonnement » du tableau absent, autrement dit sa qualité la plus substantielle, invisible ? L'époque bleue avait fait son initiation. Après avoir incarné la monochromie, Yves le Monochrome était désormais prêt à reconsidérer la fonction de ses propres tableaux, autrefois aboutissement et dès lors « cendres » de son art :

❝*Pigments purs* – Le pigment pur, exposé par terre, devenait un tableau de sol et non plus de cimaise ; le médium fixatif étant alors le plus immatériel possible, c'est-à-dire la force d'attraction elle-même. Elle n'altérait [pas] les grains de pigment individuellement, comme le fait [*sic*] inévitablement l'huile, la colle et même encore mon médium fixatif particulier. Le seul ennui de cela : l'homme se tient naturellement debout et regarde l'horizon.❞

Yves Klein, 1957

Yves Klein présenta pour la première fois l'« installation » *Pigments purs* en mai 1957, chez Colette Allendy. Klein a plusieurs fois évoqué sa fascination devant les pigments en poudre qu'il voyait chez les marchands de couleur : « Ils avaient un éclat et une vie propre et autonome extraordinaires. C'était la couleur en soi véritablement. » C'est pour en conserver le rayonnement qu'il mit au point, avec le concours d'Édouard Adam, le « médium fixatif » dont il déposa la formule à l'INPI. *Pigments purs* fut reconstituée à plusieurs reprises (ci-contre, au Guggenheim Museum de Bilbao, en 2005).

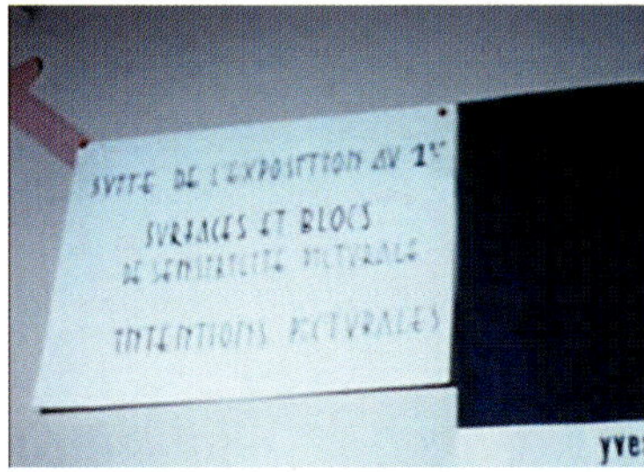

« Mes tableaux monochromes ce ne sont pas mes œuvres définitives, mais la préparation à mes œuvres. Ce sont les restes d'opérations de création, les cendres. »

Fort de ces constats, Klein croit possible de présenter directement au public la « sensibilité picturale », sans passer par l'intermédiaire du tableau. Avant de donner à cette démonstration toute l'ampleur qu'elle mérite, il a procédé à un essai confidentiel. Dans son exposition dévolue au bleu chez Colette Allendy (mai 1957), il a utilisé une salle vide du premier étage pour présenter des « Surfaces et blocs de sensibilité picturale » parfaitement invisibles. Un film réalisé dans cette exposition montre l'artiste, pédagogue imaginatif, suggérer par ses attitudes la présence d'un tableau absent. Le bleu apparaît dans cette exposition sous ses deux espèces. Celui des tableaux nous montre « l'invisible devenant visible » et les « surfaces et blocs [...] », également nommés « Intentions picturales », inaugurent l'aventure du « bleu immatériel ».

L'exposition du « Vide »

Peu de personnes avaient visité la « suite de l'exposition », au premier étage de la Galerie Colette Allendy. Après avoir réalisé ce test, Klein a préparé méticuleusement la manifestation destinée à donner tout son éclat à cette audacieuse tentative. Il lui a fallu tout d'abord convaincre Iris Clert de l'accueillir dans sa galerie. Cet obstacle franchi, une date pour le vernissage a été arrêtée, celle du trentième anniversaire de l'artiste : le 28 avril 1958.

Dans le but de bien faire comprendre ses intentions, Klein organise l'exposition comme un diptyque : « Le Bleu tangible et visible sera dehors, à l'extérieur, dans la rue, et, à l'intérieur, ce sera l'immatérialisation du Bleu. » Les invités reçoivent un bristol glissé dans une enveloppe affranchie avec le timbre bleu – monochrome miniature – déjà utilisé l'année précédente. Sur le carton blanc, le texte de Pierre Restany est imprimé en bleu.

Trois photogrammes du film qui nous permet, aujourd'hui encore, de « visiter » les deux expositions parisiennes de la période bleue. Ici, chez Colette Allendy (mai 1957), l'artiste nous invite à « voir » et surtout à comprendre ce qu'il a bel et bien présenté au premier étage de la galerie : des « Intentions picturales » (ci-dessus, l'affiche qui annonce ce volet de l'exposition). Dans la salle vide, Klein propose au visiteur de percevoir la présence d'une « Surface de sensibilité picturale », invisible, accrochée au mur (page de droite, en haut). Puis, devant un autre mur, vide également, en apparence, l'artiste adopte la posture caractéristique des amateurs d'art regardant attentivement un tableau, ici invisible (page de droite, en bas). Ce film atteste que Klein expérimenta l'immatérialisation du bleu en 1957.

Un contre-ordre de dernière minute empêchera que l'obélisque qui se dresse sur la place de la Concorde soit illuminé en bleu, comme cela était prévu.

Lorsqu'ils arrivent devant la galerie, les visiteurs constatent que la vitrine et les carreaux de la porte sont peints en bleu. Impossible de savoir ce qui est présenté à l'intérieur. La porte d'entrée habituelle est condamnée. Il faut donc pénétrer dans l'immeuble, et pour cela franchir un dais bleu. Dans la cour, chacun est invité à boire un cocktail bleu. Après quoi, les amateurs d'art sont admis, par petits groupes, dans la galerie. Ils entrent par la porte privée, sur cour. Le peintre en personne – costume strict et nœud papillon – les accueille. Les jours précédents, il avait repeint en blanc les murs blancs de la pièce, afin d'éliminer les « imprégnations des expositions précédentes » qui pouvaient encore hanter son espace. Tout est donc blanc, les murs, la vitrine, les vitres de la porte, et rien ne semble être exposé.

Les murs repeints ne devaient pas être considérés comme une œuvre. Leur blancheur immaculée permettait simplement que pût se répandre le « climat pictural de la sensibilité du bleu immatérialisé ». Car telle était l'œuvre proprement dite, un « espace coloré qui ne se voit pas, mais dans lequel on s'imprègne ».

Cette manifestation a fait date. Elle a aussi suscité bien des malentendus, entretenus notamment par le titre sous lequel elle est passée à la postérité, l'exposition « du Vide ». Le 28 avril 1958, elle n'avait encore aucun nom. Quelques mois plus tard, Klein la nommait la « Spécialisation de la

La Galerie Iris Clert durant l'exposition dite « du Vide » présentée par Yves Klein : en haut, telle que les passants pouvaient la voir de la rue ; ci-dessus, telle que les amateurs la découvraient lorsqu'ils entraient dans l'espace habité par la « sensibilité picturale stabilisée », invisible. Iris Clert avait obtenu que, le soir du vernissage (28 avril 1958), deux gardes républicains en grande tenue fussent en faction sous le dais bleu.

sensibilité à l'état matière première en sensibilité picturale spécialisée », et il précisait : « Époque pneumatique ».

D'abord, il n'y a rien...

Plus immédiatement intelligible et mieux adapté aux caractéristiques les plus perceptibles de l'exposition, le terme « vide » s'est rapidement imposé. L'artiste lui-même l'a adopté, évoquant par exemple le « vide bleu merveilleux » de son atelier, ou le « vide absolu que doit être et qu'est l'espace pictural réel ». Cependant, pour comprendre ce qui se jouait en avril 1958, il faut revenir aux explications initiales de Klein qui, évoquant « le vide, apparent, de la salle d'exposition », précisait que les murs de la galerie, repeints en blanc, accueillaient le rayonnement d'un « climat pictural réel et à cause de cela même invisible ». Autrement dit, la Galerie Iris Clert, loin d'être vide, se trouvait saturée

L'agencement spatial conçu par Klein pour son exposition dite « du Vide » – à l'extérieur, le bleu tangible et visible et, à l'intérieur, l'« immatérialisation du bleu » – redoublait un dispositif temporel. Les amateurs avaient pu découvrir chez Iris Clert, en mai 1957, son « époque bleue » (ci-dessous, la galerie en mai 1957).

L'année suivante, lorsqu'ils entraient dans le même espace, vide, en apparence (ci-contre, en avril 1958), le souvenir de la présence révolue du bleu put les aider à percevoir « le climat pictural de la sensibilité du bleu immatérialisé » que l'artiste avait « stabilisé » à l'intérieur de la galerie. L'œuvre de Klein ne relève pas seulement du visible : elle se développe aussi sur le mode de la narration.

d'un « état pictural » aussi réel qu'invisible. L'année suivante, Klein est invité à participer à une exposition collective, « *Vision in Motion/Motion in Vision* », qui se tient à Anvers. Il saisit l'occasion pour confirmer publiquement l'articulation entre le bleu visible et tangible de ses monochromes et la « sensibilité picturale », invisible, qui en émane. Le jour du vernissage (17 mars 1959), alors que l'emplacement réservé à ses œuvres demeure « vide », il affirme devant le public : « D'abord, il n'y a rien, ensuite il y a un rien profond, puis une profondeur bleue. » Cette déclaration est empruntée à un ouvrage de Gaston Bachelard, *L'Air et les Songes*, que sa mère lui avait offert à l'occasion de son trentième anniversaire, lors du vernissage de l'exposition du « Vide ».

L'artiste se souvenait sans doute de sa présentation, mimée devant la caméra, des « Surfaces et blocs de sensibilité picturale » quand il affirma, quelques mois après être revenu d'Anvers : « J'aurais pu faire des gestes symboliques, comme balayer l'emplacement qui m'était réservé dans cette salle, j'aurais pu même peindre les murs avec un pinceau sec, sans couleur. Non ! Ces quelques paroles que j'ai prononcées, ça a déjà été trop. Je n'aurais pas dû venir du tout et même mon nom n'aurait pas dû figurer au catalogue. » Réalisée, cette décision aurait voué le projet à l'échec : les œuvres invisibles requièrent, pour exister, une médiation.

Proclamer le dépassement

L'exposition d'Anvers était organisée par Pol Bury et André Balthazar. Artistes, animateurs du joyeux Daily-Bul et de ses publications plaisamment iconoclastes, les deux amis crurent que Klein, comme eux, développait un bel humour pince-sans-rire. Il s'agit peut-être là d'un contresens, mais Klein lui-même avait suggéré cette possibilité

Le Dépassement de la problématique de l'art constitue la meilleure introduction à la pensée de Klein au moment où il développait le volet immatériel de son art. En outre, cet opuscule contient le projet d'une « École de la sensibilité » qui lui aurait permis, si elle avait vu le jour, de diffuser et d'approfondir ses thèses. Klein justifie ainsi les raisons de sa démarche :

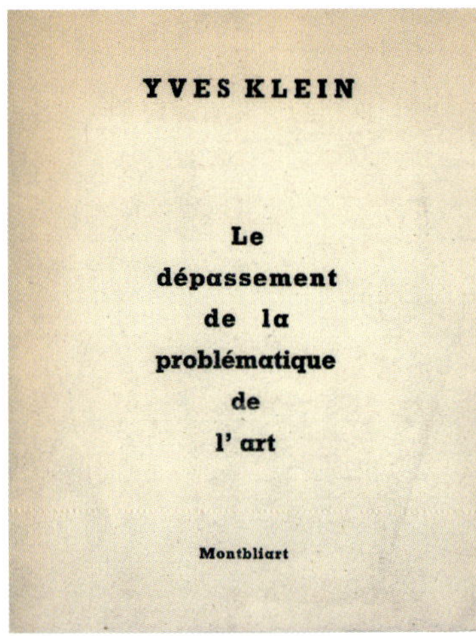

« Une conception nouvelle, la vraie notion de qualité doit se substituer à la quantité, aujourd'hui surmenée et surestimée. Il est possible d'y parvenir par l'immatérialisation et la sensibilité. À présent, il s'agit de reconnaître la caducité de la problématique de l'art, de la religion, de la science. »

d'interprétation quand il écrivit, en 1957 : « Je suis peintre, eh bien, je ferai quelque chose qui doit être de la peinture aux yeux de tous et aussi plein d'humour, pourquoi pas ? S'il n'y a pas d'humour, tant pis pour ceux qui ne le voient pas. »

Bury et Balthazar proposèrent donc à Klein de publier une brochure. Ils affirment s'être rapidement rendu compte du malentendu. Cependant, « amateurs de pistes brouillées », ils ont renchéri dans l'humour en publiant tout de même *Le Dépassement de la problématique de l'art* (décembre 1959). Klein y rappelle qu'il est « Artiste peintre. Ceinture noire quatrième dan de judo. Diplômé du Kôdôkan de Tokyo, Japon », et la première phrase du texte proclame : « Il ne suffit pas de dire ou d'écrire : "J'ai dépassé la problématique de l'art". Il faut encore l'avoir fait. Je l'ai fait. »

Klein (au premier plan, à droite) devant l'espace qui était réservé à ses œuvres dans l'exposition « *Vision in Motion/Motion in Vision* » (Anvers, mars 1959). L'artiste cite Bachelard pour faire apparaître le rayonnement du bleu, absent, et il en fixe le prix à un kilo d'or pur. Selon lui, le public, « très réceptif », est « saisi par une valeur nouvelle », mais il « reste perplexe et attend quelque chose ».

La sensibilité picturale invisible échangée contre de l'or

Outre la possibilité d'affirmer haut et fort « le dépassement de la problématique de l'art », l'exposition anversoise fournit à Klein l'occasion de préciser quel moyen de paiement lui paraît convenir pour l'achat de ses œuvres immatérielles. Comme les œuvres elles-mêmes, la monnaie ne saurait être banale.

Lors de son exposition du « Vide », Klein avait fixé un prix d'entrée susceptible de le dédommager au cas où des « lambeaux » de sensibilité picturale lui seraient dérobés. Il affirme également que deux « tableaux immatériels » y furent vendus et il regrette d'avoir accepté de l'argent en échange. C'est pourquoi à Anvers, quand les organisateurs lui demandent le prix de son œuvre invisible, il répond sans hésiter : « Un kilo d'or, un lingot d'or pur d'un kilo me suffira. »

Une fois encore, l'artiste fait preuve d'un remarquable sens stratégique. Accepter de vendre des œuvres immatérielles, à une époque où rien de tel n'a encore jamais eu lieu car l'art conceptuel n'apparaîtra qu'après la mort de Klein, lui permet d'accréditer l'idée qu'il s'agit bien d'œuvres. Comme toutes les autres œuvres, y compris celles dont on dit qu'elles « n'ont pas de prix », elles peuvent entrer dans le marché de l'art. Par ailleurs, leur paiement contre de l'or, métal inaltérable et hautement symbolique, réputé garant du cours des monnaies fiduciaires, renforce le caractère singulier des œuvres immatérielles sur lesquelles s'indexe la valeur des tableaux visibles et tangibles.

Fin 1959, durant son séjour à Londres, Klein avait travaillé chez un encadreur, Robert Savage – une relation de son père. Outre une certaine rigueur technique, Klein acquit là une solide expérience du maniement si délicat des feuilles d'or. Devenu artiste, cet apprentissage lui fut d'un grand secours : c'est en artisan averti qu'il varie les textures de ses *Monogold sans titre*, 1961, ci-dessus, et *Résonance*, 1960, page de droite), jouant avec dextérité des multiples effets visuels que permet la dorure à la feuille.

Klein ne se considérait pas comme un artiste d'avant-garde. Il est vrai qu'il semble parfois parcourir l'histoire à rebours, notamment lorsqu'il substitue la splendeur quasi sacrée de l'or au bleu du ciel. Les artistes de la Renaissance avaient parcouru le chemin inverse. Certains recouraient encore au fond or, plus symbolique qu'abstrait, quand ils peignaient des scènes de la vie du Christ (ci-dessous, un triptyque, encore gothique, de Bernardo Daddi, première moitié du XIVe siècle). D'autres commençaient alors à introduire le réalisme du paysage. Le bleu du ciel apparut en peinture. Klein s'en est emparé avant d'immatérialiser son bleu, de l'échanger contre de l'or.

Le bleu, l'or et le rose

Après la manifestation anversoise, Klein continue à mettre au point les modalités de vente des œuvres immatérielles. Parallèlement, il fait entrer l'or parmi les éléments qui concourent au développement de son œuvre visible. Les tableaux « monogold » qu'il réalise à partir de 1959 et, surtout, les deux années suivantes, viennent compléter son univers. De même que la conquête de l'invisible n'a

pas empêché Klein de continuer à peindre des monochromes, l'or ne se substitue pas au bleu.

Le fond d'or sur lequel se détachent les personnages représentés caractérise les peintures religieuses médiévales. Il symbolise le rayonnement de la splendeur divine dont il offre un équivalent visuel. Les peintres de la Renaissance y renonceront progressivement pour le remplacer pas le bleu du ciel. Le couple or/bleu permet à Klein de s'enraciner dans la tradition. Car il ne se considère pas comme un artiste d'avant-garde : « Je tiens à préciser que bien au contraire je pense et crois être un classique, peut-être même l'un des rares classiques de ce siècle ! »

Klein procède, le 26 janvier 1962, à la « cession » de la *Zone de sensibilité picturale immatérielle* n° 5, série 1 (ci-dessus). L'artiste et l'acquéreur, Dino Buzzati, échangent les feuilles d'or contre le reçu. Ils prennent possession de leur bien, puis Klein jette à la Seine la moitié de l'or quand Buzzati brûle son reçu. Avant qu'il ne soit entièrement réduit en cendres, l'écrivain a subrepticement glissé dans sa poche le fragment non consumé qu'il tenait entre ses doigts. Buzzati avoua cette menue entorse aux « règles rituelles » dans son article « Sortilegio a Notre-Dame » (*Corriere della Sera*, 4 février 1962).

Autre moyen de rompre avec les avant-gardes historiques, Klein imagine une nouvelle trilogie des couleurs. Quand Mondrian, Rodtchenko, Barnett Newman et bien d'autres réservent une place privilégiée aux trois couleurs dites « primaires » – jaune, rouge, bleu –, Yves le Monochrome promeut le bleu, l'or et le rose.

Le rituel des cessions de sensibilité picturale immatérielle

À la fin de l'été 1959, Iris Clert annonce à Klein qu'un amateur est prêt à faire l'acquisition d'une œuvre immatérielle, à condition d'obtenir en échange un « reçu ». L'artiste a dessiné plusieurs projets de « Certificat » avant d'arrêter la forme définitive des « Reçus » – souvent dénommés depuis lors « Chèques ». Il fait alors imprimer des carnets à souche qui lui permettront de procéder à des cessions de « Zones de sensibilité picturale immatérielle ».

Cette formalisation de l'échange conduit Klein à en clarifier les conditions. Les zones, groupées par lot de dix en sept séries, voient leur valeur doubler

Grammes d'Or Fin
ité Picturale Immatérielle

Les carnets de reçus réalisés en 1959 pour les cessions de *Zones de sensibilité picturale immatérielle* (ci-dessous, le carnet de la série 5) reprennent le « dispositif scénique » mis au point par l'artiste pour son exposition « du Vide ». Le bleu « tangible et visible » est à l'extérieur – ici sur la couverture –, tandis qu'à l'intérieur il est simplement évoqué par son nom : les lettres IKB font office de monogramme. Ainsi, la couleur s'évanouit, pour mieux céder la place à l'immatériel. Néanmoins, Klein a souvent succombé à la tentation de signer les reçus à l'encre bleue.

d'une série à l'autre. Les prix, en progression géométrique, s'échelonnent de 20 à 1 280 grammes d'or pour une zone. L'emplacement d'un « cachet de garantie », le tampon de la galerie, est prévu. Une couverture bleu IKB protège chacun des carnets. Ainsi, comme c'était déjà le cas lors de l'exposition du « Vide », le bleu, à l'extérieur, annonce la présence plus substantielle de l'immatériel placé dans cet écrin.

Lors de l'achat, le nom de l'acquéreur est noté sur le reçu comme sur la souche du carnet. Sur le reçu, un encadré précise les conditions imposées par l'artiste pour la revente d'une zone acquise : « Cette zone transférable ne peut être cédée par son propriétaire qu'au double de sa valeur initiale. »

En 1959, quatre zones ont été achetées. Les quatre reçus remis aux acquéreurs ont été conservés. Klein n'a pas

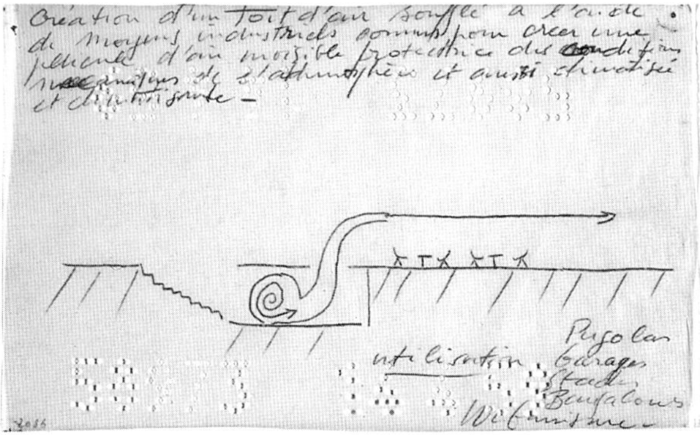

Ce dessin de Klein, consacré à la « création d'un toit d'air soufflé à l'aide de moyens industriels », fait partie d'une série de cinq projets relatifs à l'architecture de l'air, adressés par l'artiste à l'INPI dans une même enveloppe Soleau, enregistrée sous le n° 58 973 (avril 1959).

encore mis au point les « Règles rituelles » qui lui permettront de remédier à une confusion possible. Le reçu signé par l'artiste n'est pas l'œuvre.

C'est pourquoi le protocole minutieusement élaboré par Klein stipule que le fait d'accepter un reçu ôte à l'acquéreur « toute l'authentique valeur immatérielle de l'œuvre ». Il précise : « Pour que la valeur fondamentale immatérielle de la zone lui appartienne définitivement et fasse corps avec lui, il doit brûler solennellement son reçu, cela après que son nom, prénom, adresse et date de l'achat aient été inscrits sur le talon du carnet à souche des reçus. »

Lorsque cet « acte d'intégration » s'accomplit, Yves Klein le Monochrome doit, en présence de témoins, restituer à la nature la moitié de l'or reçu, en le jetant par exemple dans un fleuve, ou bien dans tout endroit « où cet or ne puisse plus être récupéré par personne ». Trois cessions répondant à ces impératifs ont été concédées, en 1962. Chacune d'elles a fait l'objet d'un reportage photographique qui, plus encore que la souche du

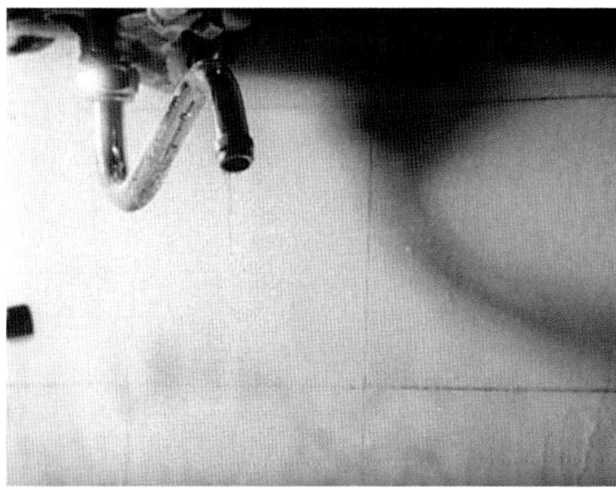

Klein prit aussi contact avec des industriels. Il souhaitait les convaincre de l'aider à passer de l'utopie d'un nouvel Éden à des expérimentations en vraie grandeur. N'y parvenant pas, il filma dans sa cuisine, en 1961, une démonstration en acte de ses théories : un jet d'air comprimé empêche l'eau de tomber sous le robinet (ci-dessus et page de droite, photogrammes du film).

carnet, atteste la réalité de l'échange dont l'œuvre putative fut l'objet.

L'architecture de l'air, l'Éden

Klein ne se satisfait pas de la seule immatérialisation du bleu. Parallèlement, il songe à étendre l'emprise de l'immatériel sur l'ensemble de notre cadre de vie. Avec Werner Ruhnau, l'architecte de l'opéra de Gelsenkirchen, il présente divers projets pour une « architecture de l'air ». La climatisation de vastes étendues pourrait être assurée par un toit d'air. Pulsé par des souffleries géantes, l'air sous pression empêcherait les intempéries de parvenir jusqu'au sol.

Un petit film, tourné dans la cuisine de Klein, rue Campagne-Première, en fait la démonstration, à une échelle réduite. L'eau qui s'écoule d'un robinet est vaporisée par un jet d'air sous pression. Sous le robinet, rien n'est mouillé.

Klein envisage aussi la réalisation d'une « habitation immatérielle "construite" à l'aide du nouveau matériau "air", soufflé en murs, parois, toit, meubles ». Ainsi bâtie, la ville de demain serait « flexible, spirituelle et immatérielle ». Les habitants d'une telle cité vivraient nus, parfaitement intégrés dans une communauté pacifiée où chacun pourrait renouer avec le bonheur d'une vie édénique.

L'idée qu'une architecture de l'air fût possible s'inscrivait dans un contexte favorable aux utopies architecturales, nombreuses à cette époque. Les besoins de la reconstruction et du développement des villes stimulaient un imaginaire collectif dont les audaces s'appuyaient avec confiance sur les progrès technologiques.

❝L'architecture de l'air n'a toujours été dans notre esprit qu'un stade transitoire mais aujourd'hui nous la présentons comme un moyen pour conditionner l'air d'espaces géographiques privilégiés. [...]
Le toit d'air règle la température et en même temps protège cette aire privilégiée. [...] Le principe du secret, toujours en cours dans notre monde, a disparu de cette ville qui est baignée de lumière et complètement ouverte vers l'extérieur. Une nouvelle atmosphère d'intimité humaine prévaut. Les habitants vivent nus. [...] La principale activité des habitants : le loisir.❞

Yves Klein – Werner Ruhnau, « Projet pour une architecture de l'air » (1958), *Zero*, n° 3, juillet 1961

Yves le Monochrome n'est pas un artiste dont l'évolution trace un parcours continu, dévolu à l'approfondissement d'une voie exclusive de toute autre. Sa création se développe par bonds inattendus. À l'espace désincarné du bleu immatériel, il oppose, ou ajoute, la présence de la chair. Tributaire d'un mode de pensée chrétien, dualiste, Klein articule dans sa pratique artistique la sphère des réalités invisibles et le registre d'une « Incarnation » chargée d'en manifester l'existence.

CHAPITRE 4

LA CHAIR, LE FEU

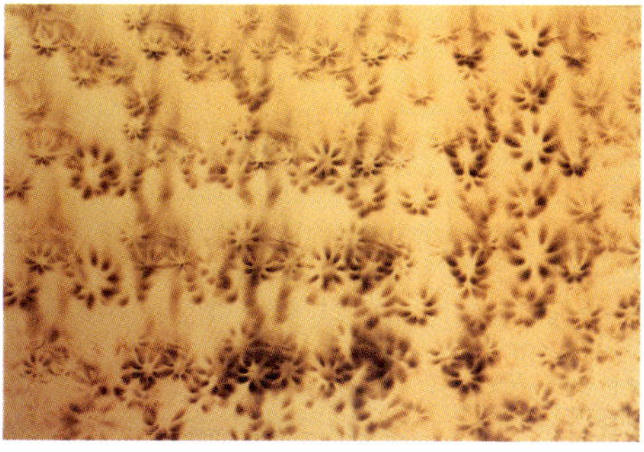

Après le corps (à gauche, réalisation d'une *Anthropométrie*), le feu (ci-contre); Klein précise : « En somme, mon propos est double : tout d'abord enregistrer l'empreinte de la sentimentalité de l'homme dans la civilisation actuelle; et ensuite, enregistrer la trace de ce qui précisément avait engendré cette même civilisation, c'est-à-dire celle du feu. »

Klein a expliqué avec une évidente délectation pourquoi, alors qu'il peignait des tableaux monochromes, il fit venir des modèles dans son atelier : « Le modèle crée le climat sensuel à l'intérieur de l'atelier, comme éventuellement à l'extérieur, qui permet de stabiliser la matière picturale. C'est le gros bon sens à ne pas rompre, quand l'artiste s'enferme dans les sphères de création d'art, avec le centre de gravité des valeurs charnelles dans le sens de la vraie foi chrétienne qui dit : "Je crois à l'Incarnation du Verbe, je crois à la résurrection des corps" [...].

J'ai donc pris des modèles, j'ai essayé ; c'était très beau. La chair, la délicatesse de la peau vivante, sa couleur extraordinaire et si paradoxalement incolore à la fois me fascinaient.

Mes modèles riaient beaucoup de me voir exécuter d'après elles de splendides monochromes bleus bien unis ! Elles riaient, mais de plus en plus se sentaient attirées par le bleu. »

Le corps, la chair

Avec ce monochrome corporel, Klein reprend le dispositif employé par Jackson Pollock pour ses *drippings* : un support peint au sol est exposé comme un « tableau de chevalet ». (Ci-dessus, *Monochrome bleu sans titre* (*IKB Godet*), 1958 ; en haut, détail.)

Klein comprend rapidement que la présence des modèles nus dans son atelier n'est pas suffisante. Ces jeunes femmes « spécialisent » l'atmosphère du lieu, certes. Selon ses propres théories, quelque chose du climat qu'elles créaient venait s'agréger à la peinture, par imprégnation. Mais il lui apparut rapidement que l'opération réussirait mieux encore si le modèle lui-même peignait le tableau monochrome.

L'art corporel sera inventé plus tard, par des artistes qui mettront parfois en jeu le corps des autres, mais surtout le leur. Klein, en 1958, s'intéresse moins au corps qu'à la « chair ». Les résonances chrétiennes de ce terme nous invitent à considérer la cohérence qui s'établit entre l'immatériel et la corporéité – deux faces d'une unique réalité, réconciliées dans l'Incarnation christique.

Klein teste sa nouvelle technique avant d'en développer les potentialités. Chez son ami Robert Godet, devant un public choisi, médusé, l'artiste fait réaliser un monochrome bleu par l'un de ses modèles (ci-dessus, 5 juin 1958). Klein se souvient : « C'est à cette époque que j'ai vu apparaître à chaque séance les "marques du corps", qui disparaissaient d'ailleurs bien vite, car il fallait que tout devienne monochrome » (« Le vrai devient réalité », *Zero*, n° 3, juillet 1961).

Klein ne s'est pas contenté de raconter comment il a utilisé le corps de ses modèles, leur « chair ». Il a organisé une séance privée, chez un ami, Robert Godet, pour en faire la démonstration. Les invités sont les témoins de la réalisation d'un grand monochrome bleu. Des photographies attestent la véracité du récit.

La jeune femme, le corps enduit de couleur, rampe sur la feuille de papier posée à même le sol. L'artiste surveille les opérations, repère les endroits où la peinture n'a pas encore été appliquée, invite le modèle – il serait plus exact de dire la collaboratrice, ou l'assistante – à rectifier ici, compléter là. Lorsque la toile est entièrement couverte, la séance s'achève.

La soirée organisée chez Robert Godet se déroula le 5 juin 1958. L'exposition du « Vide » avait fermé ses portes quelques semaines plus tôt. Ainsi, au moment même où Klein projetait publiquement le bleu et l'art tout entier dans l'invisible, il introduisait le corps, la sensualité du corps, dans sa pratique.

Les pinceaux vivants

Klein avait très rapidement rejeté le pinceau. Cet outil traditionnel, utilisé par les peintres figuratifs comme par les peintres abstraits, lui semblait trop lié au corps de l'artiste et à ses pulsions. Avec le pinceau ou la brosse, quelque chose de sa psyché pouvait se communiquer au tableau. Un expressionnisme menaçait. Avec le rouleau, instrument des peintres en bâtiment, il avait trouvé la solution. Il créait une distance entre la toile et l'artiste, qui pouvait se réjouir en ces termes : « Ma psychologie personnelle n'imprègne pas le tableau, lorsque je peins avec un rouleau. Seule la valeur colore en soi rayonne en qualité pure et propre. »

Le corps du modèle enduit de peinture conserve les qualités du rouleau sans en avoir la raideur toute mécanique. Klein a souvent insisté sur le fait qu'il restait à distance du modèle, dont il dirigeait les évolutions. Ainsi l'œuvre s'élaborait sous ses yeux sans qu'il ait à se salir les mains. Il en conservait la maîtrise et il évitait les épanchements grâce à ses « pinceaux » d'un nouveau genre, « vivants et téléguidés ».

L'intérêt de peindre des tableaux monochromes avec des « pinceaux vivants » restait assez mince, car la présence de la chair n'était guère perceptible dans le résultat final. En revanche, avant que la peinture ne recouvre entièrement le support, apparaissaient des traces corporelles identifiables comme telles. Bien qu'elles ne fussent hérétiques au regard d'une « religion de l'absolu monochrome » professée par Klein, ces « marques du corps » l'ont immédiatement « hypnotisé ». Une attitude dogmatique lui aurait imposé de répudier les virtualités contenues dans ces « marques païennes » dont il pressentait la richesse.

Klein a réalisé plusieurs séances d'anthropométries devant l'objectif de photographes (ci-dessous, au travail dans son appartement, rue Campagne-Première, en 1961). Comme en témoignent les clichés qui nous sont parvenus, l'artiste ne se contentait pas de guider l'action de ses modèles. Il n'hésitait pas à indiquer lui-même quelles attitudes adopter, quels mouvements opérer. Ces photographies sont précieuses car elles prouvent que Klein – ici « metteur en scène » et peintre par délégation – réglait avec soin les modalités d'une instauration dont il ne pouvait contrôler directement le déroulement, outil en main. Pour parvenir à ses fins, il sut créer avec ses « pinceaux vivants » l'indispensable climat d'une saine complicité.

Or Klein, logique et rigoureux, est d'abord un artiste intuitif, réceptif aux sollicitations de l'instant – une qualité de judoka.

Les *Anthropométries* de l'époque bleue

C'est pourquoi, loin de s'en tenir au tableau entièrement recouvert d'une seule couleur, Klein a progressivement mis au point la procédure des empreintes laissées par un modèle sur un support. Quand il estima maîtriser suffisamment la technique, il invita Restany à la découvrir.

Le 23 février 1960, devant le critique accompagné d'un directeur de musée, un modèle dont le buste, le ventre, les cuisses ont été badigeonnés de peinture bleue, appose l'empreinte colorée de son corps sur des feuilles de papier posées sur le sol ou agrafées au mur. Restany a raconté comment, emporté par l'enthousiasme, il s'écria : « Ce sont les anthropométries de l'époque bleue ! » Considérable avantage par rapport aux monochromes corporels unis, elles enregistrent le souvenir d'une présence réelle, en conservent la trace irrécusable, instantanément compréhensible.

Statiques ou dynamiques, seules ou multiples, positives ou négatives, les empreintes de corps attestent la diversité des anthropométries conçues par Klein (doubles pages suivantes). Certaines, rares, portent un titre, toujours significatif. Ainsi *Hiroshima*, de 1961 (page 71, au centre) fait allusion aux quelques « ombres » que des corps désintégrés par l'éclair atomique ont laissées sur des murs de la ville. Quant à la *Grande anthropophagie bleue. Hommage à Tennessee Williams* (1960, double page suivante), elle annonce une mystérieuse « ère anthropophagique » que l'artiste évoqua à la fin de sa vie.

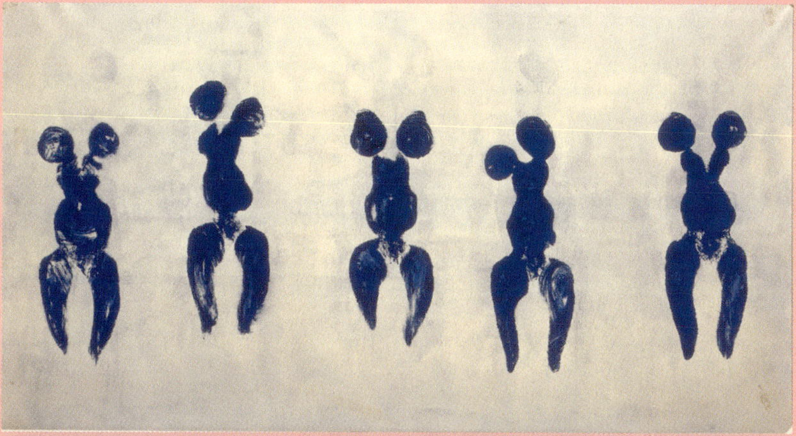

Yves Klein et Rotraut, sa future épouse, avaient préparé deux jours plus tôt la soirée des *Anthropométries de l'époque bleue* (ci-dessus). Après cette répétition dans la Galerie internationale d'art contemporain, l'événement du 9 mars se déroula sans anicroche. L'entrée des « pinceaux vivants », l'exécution de la *Symphonie monoton-silence* par neuf musiciens, la variété des empreintes réalisées impressionnèrent le public, qui en débattit avec l'artiste (page de droite).

Une fois encore, la capacité de Restany à trouver les mots justes, les mots qui frappent et que l'on retient, a fait merveille. Reste à donner aux *Anthropométries* et au procès de leur réalisation le retentissement qu'ils méritent. À cette fin, Klein organise une soirée dans la Galerie internationale d'art contemporain (Paris). Elle se déroule le 9 mars 1960, devant une centaine d'invités, artistes, critiques, amateurs d'art ou collectionneurs. Des photographies, un film et des récits nous permettent de nous représenter l'événement. Klein, en habit de soirée, donne un signal aux neuf musiciens placés sur le côté de l'espace réservé à l'évolution des modèles. Tandis qu'ils attaquent l'exécution de la *Symphonie monoton-silence,* qu'il a lui-même composée, trois jeunes femmes nues entrent. Chacune tient à la main un seau de peinture. Après s'être enduit de bleu les seins, le ventre et les cuisses, elles réalisent diverses *Anthropométries.*

Au cours du débat qui suit la démonstration, Restany parle de « rite » ; Georges Mathieu acquiesce : « D'accord pour le rite, mais où est le mythe ? » Puis, se tournant vers Klein : « Pour vous, qu'est-ce que l'art ? » La réponse fuse : « L'art, c'est la santé ! »

Suaires et batailles

Au cours de la soirée du 9 mars 1960, les modèles dirigés par Klein ont donné plusieurs exemples d'*Anthropométries*. Par la suite, l'artiste a diversifié les procédures. La plus simple consiste à apposer un corps enduit de peinture, tel un tampon, sur un support. Ces empreintes statiques, de femmes et parfois d'hommes, ont souvent été groupées de manière à former, sinon une composition, du moins un ensemble.

D'autres empreintes statiques ont été réalisées sur un support posé sur un cylindre. Cette technique livre des empreintes plus intimes qui affichent un caractère plus troublant. Les *Suaires* se situent à l'autre extrémité du spectre des possibles. Le nom générique qui désigne ces *Anthropométries* sur tissu libre renvoie sans nul doute à celui d'un célèbre objet de culte, le saint suaire de Turin.

Les images négatives – la peinture est projetée et le modèle fait office de pochoir – font songer aux traces laissées sur des murs d'Hiroshima par des corps désintégrés sous l'effet de l'éclair atomique.

Lorsqu'un modèle rampe sur le papier ou la toile, il laisse derrière

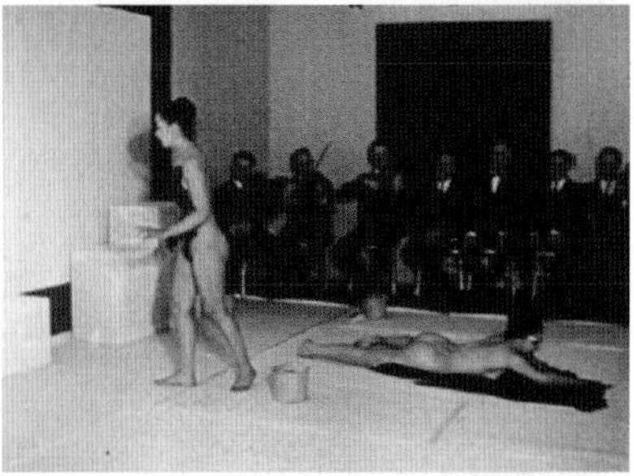

Avec ses *Cosmogonies* (ci-contre, *Cosmogonie sans titre*, 1960, et, page de droite, en bas, *Cosmogonie pluie*, 1961), Klein élargit son pouvoir de captation du réel. Ces œuvres fixent des « états-moments » de la nature.

lui une trace dynamique. Klein a aussi convié plusieurs modèles à simuler une « bataille », dans laquelle le libertinage avait sans doute sa place. La forme des corps, ici, n'est plus guère identifiable. Mais initiés par les autres *Anthropométries*, devant ces grandes peintures, nous comprenons parfaitement ce qui s'est passé. Même quand elle n'est pas clairement repérable, la présence des corps demeure perceptible.

Au-delà de la variété des moyens mis en œuvre et des résultats obtenus, les *Anthropométries* affichent une caractéristique qui devait ravir le peintre : elles paraissent « figuratives », bien qu'aucun des moyens traditionnels de la représentation picturale, liée au dessin, ne soit utilisé.

“Ce qu'il faut à un artiste, c'est un tempérament de reporter, de journaliste, mais dans le grand sens de ces mots, peut-être oubliés aujourd'hui. Je comprends à présent que la marque spirituelle de ces états-moments, je l'ai, par mes monochromes. La marque de ces états-moments de la chair, je l'ai aussi par les empreintes arrachées aux corps de mes modèles. Mais la marque des états-moments de la nature ? Je bondis dehors et me voilà au bord de la rivière, dans les joncs et dans les roseaux. Je pulvérise de la couleur sur tout cela et le vent qui fait plier les fines tiges vient les appliquer avec précision et délicatesse sur ma toile que je présente ainsi à la nature frémissante : j'obtiens une marque végétale. Puis il se met à pleuvoir une pluie fine de printemps ; j'expose ma toile à la pluie et le tour est joué. J'ai la marque de la pluie ! une marque d'événement atmosphérique.”

Yves Klein, « Le vrai devient réalité », *Zero*, n° 3, juillet 1961

Cosmogonies* et *Reliefs planétaires

Yves Klein le 23 juin 1960, réalisant une *Cosmogonie* sur les berges du Loup, dans la région de Nice : il utilise ici un procédé peu connu en Occident mais traditionnel au Japon, l'estampage.

Klein n'a pas cessé d'étendre sa saisie du monde par empreinte et appropriation. Descendant à Cagnes-sur-Mer, où il va passer l'été de 1960, il accroche sur le toit de sa voiture une toile fraîchement peinte. Le vent de la vitesse, la pluie et le soleil, le froid, la chaleur laissent leurs traces sur la surface. L'artiste a saisi et fixé ce qu'il nomme « la marque de l'immédiat ».

Dans la région de Nice, au cours de ce même été de 1960, Klein poursuit la réalisation de cette série qu'il nomme alors *Naturemétries de l'époque bleue.* Il recueille sur des feuilles de papier les empreintes laissées par des végétaux préalablement enduits de bleu. Il laisse la pluie disperser les pigments répandus sur un support, et il tente de capter ainsi le flux des eaux de la rivière. Ces *Naturemétries* fixent des « "états-

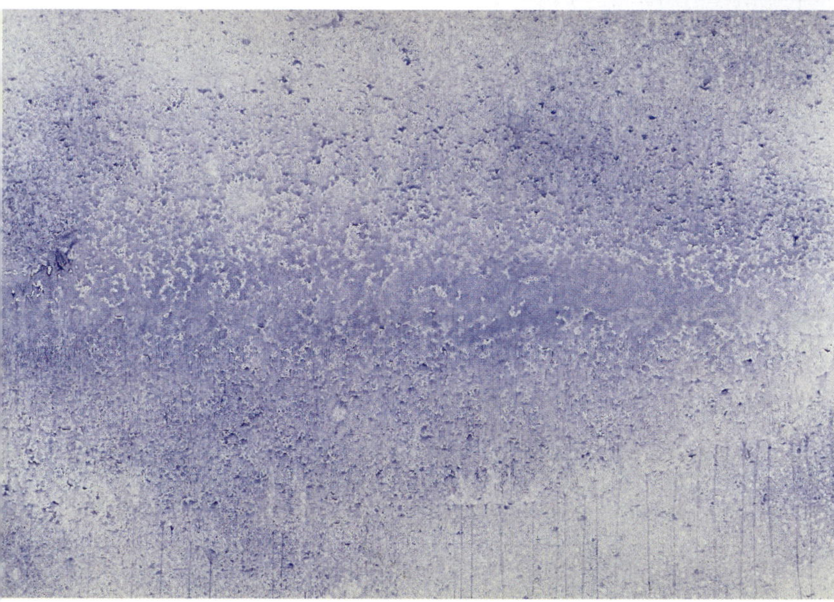

moments" de la nature ». Elles sont aujourd'hui connues sous une autre appellation, également utilisée par l'artiste : *Cosmogonies*.

Yves le Monochrome a peint en bleu un globe terrestre avant qu'un satellite artificiel baptisé Spoutnik ne donne corps à un rêve de l'humanité.
En avril 1961, le premier cosmonaute soviétique, Youri Gagarine, déclare que la Terre, vue de l'espace, paraît être d'un « bleu intense et profond ». Cette confirmation encourage Klein à peindre en bleu des cartes en relief, ou leurs moulages. Parallèlement à ces *Reliefs planétaires*, il s'approprie des sculptures célèbres. *La Victoire de Samothrace*, un *Esclave* de Michel-Ange ou une *Vénus*, métamorphosés par le bleu IKB, feront l'objet d'éditions.

Le photocollage ci-dessus, projet pour trois *Fontaines de feu* dans le jardin de la villa Haus Lange (musée de Krefeld), s'inscrit dans le droit fil des préoccupations de Klein. Depuis qu'il avait vu brûler les feux de Bengale de son *Tableau d'une minute* (1957), il n'avait pas cessé de s'intéresser au feu. En 1959, il dessina des fontaines d'eau et de feu et proposa d'en disposer plusieurs devant l'opéra de Gelsenkirchen. Paul Wember, directeur du musée de Krefeld, lui permit de concrétiser ces rêves : le *Mur de feu* et la *Fontaine de feu* installés dans le cadre de son exposition « *Monochrome und Feuer* » (1961), étaient allumés chaque soir (ci-contre).

Le spectacle du feu

À l'occasion de son exposition au Haus Lange Museum de Krefeld (1961), Klein souhaite faire installer à l'extérieur du bâtiment conçu par Mies van der Rohe cinq colonnes et un mur de feu. Deux colonnes doivent être disposées devant le bâtiment et trois autres regroupées dans le jardin pour former un *Buisson ardent*. L'artiste doit renoncer à cette profusion, mais il sauve l'essentiel.

Le soir du vernissage, dans la nuit claire, surgit du sol une flamme de plus de trois mètres. Près de celle-ci, devant la Haus Lange, s'allument cinquante brûleurs. Cinq rangées de dix sont disposées sur une trame verticale fixée à 75 centimètres du sol. Essentiellement bleues, les flammes sont aussi roses et jaunes (or). Chaque brûleur projette une manière de marguerite à huit pétales.

Saisissant, le spectacle est d'autant plus grandiose qu'il est accompagné du bruit sourd que produisent ces foyers simultanément allumés. Pour réaliser cette œuvre, Klein a dû persuader le directeur du musée, Paul Wember, de l'aider à vaincre de nombreux obstacles techniques et administratifs. Le feu l'intéressait depuis plusieurs années. Il avait collaboré avec le sculpteur Norbert Kricke à des projets de fontaines d'eau et de feu. Il avait également envisagé d'installer sur l'eau des « sculptures de feu ».

“Qu'est-ce qui provoque en moi cette recherche de l'empreinte du feu ? Pourquoi faut-il que j'en cherche la Trace elle-même ? Parce que tout travail de création, sans tenir compte de sa position cosmique, est la représentation d'une pure phénoménologie – tout ce qui est phénomène se manifeste de lui-même. Cette manifestation est toujours distincte de la forme, elle est l'essence de l'immédiat, la trace de l'Immédiat.”

Yves Klein, « Manifeste de l'hôtel Chelsea », New York, 1961

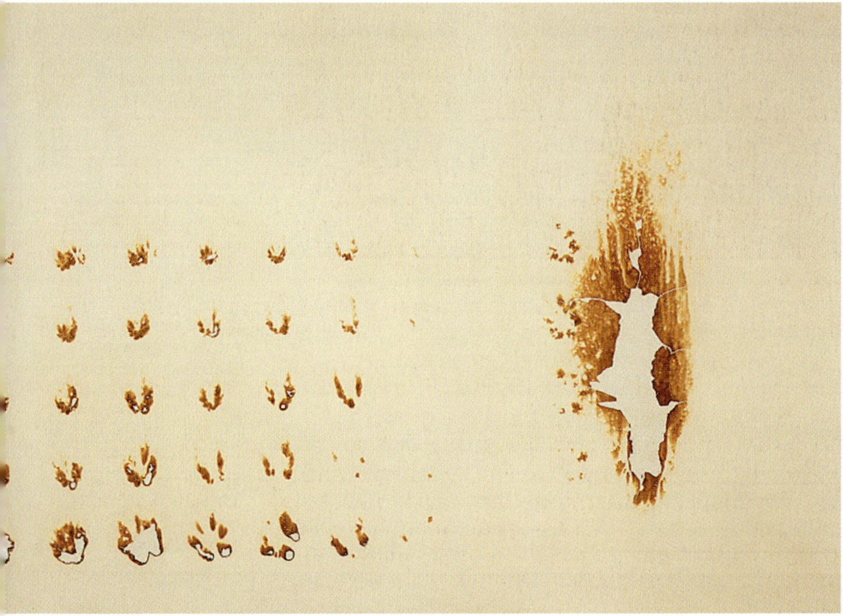

Brûler, créer : des peintures de feu

Durant l'exposition de Krefeld, Klein capture encore la « marque de l'immédiat », igné cette fois. Il approche des cartons suédois, choisis pour leur relative résistance au feu, au plus près des flammes du mur, ou de la colonne. Les traces de ces brûlures s'impriment durablement dans le support. Une fois de plus, Klein le judoka a retourné la situation à son profit : le pouvoir destructeur du feu s'est mué en puissance créatrice.

Dans le centre d'essais de Gaz de France (la Plaine-Saint-Denis), il expérimente un brûleur puissant, avec lequel il crée une série de peintures de feu. Aidé par Alex Kosta, un ami artiste qui a revêtu un costume de pompier, Klein joue des effets conjugués de la flamme et de l'eau. Une part de la puissance émotive de ces peintures vient de la lisibilité et de la simplicité des moyens mis en œuvre, de l'attrait qu'exerce le feu comme de l'évidente fulgurance du geste. Avec une telle technique, aucun repentir n'est possible.

Lors d'une autre séance programmée au centre d'essais de Gaz de France, en juillet 1961, Klein associe le feu aux *Anthropométries*. Deux photographes, un cameraman, l'artiste pompier et deux modèles participent à la réalisation de ces œuvres qui mêlent l'eau, la couleur et le feu pour enregistrer le souvenir d'une présence. Le film de l'événement tend à faire de cette séance un grand moment de bouffonnerie supérieure, sensation immédiatement démentie par les œuvres. Poignantes, elles font écho à une certitude de l'artiste – peut-être naïve ou tout simplement émouvante. Celle-ci est assez énigmatique pour retenir l'attention : « Dans le cœur du vide aussi bien que dans le cœur de l'homme, il y a des feux qui brûlent. »

Yves Klein et Alex Kosta, en costume de pompier, réalisent au centre d'essais de Gaz de France (la Plaine-Saint-Denis, ci-dessous) la *Peinture feu sans titre* reproduite page de droite. Klein ne se contente plus de recueillir des empreintes de feu. Maniant le puissant lance-flammes mis à sa disposition comme s'il s'agissait d'un énorme pinceau, il dirige les opérations, utilise les traces du ruissellement

d'eau, qu'il contrôle grâce à la coopération de Kosta, et crée des œuvres d'une grande diversité.

Cette séance de travail fut filmée par la télévision française : l'ORTF préparait en effet l'émission de Louis Pauwels, *En français dans le texte*, consacrée, le 25 avril 1961, à « L'avant-garde » – aux nouveaux réalistes.

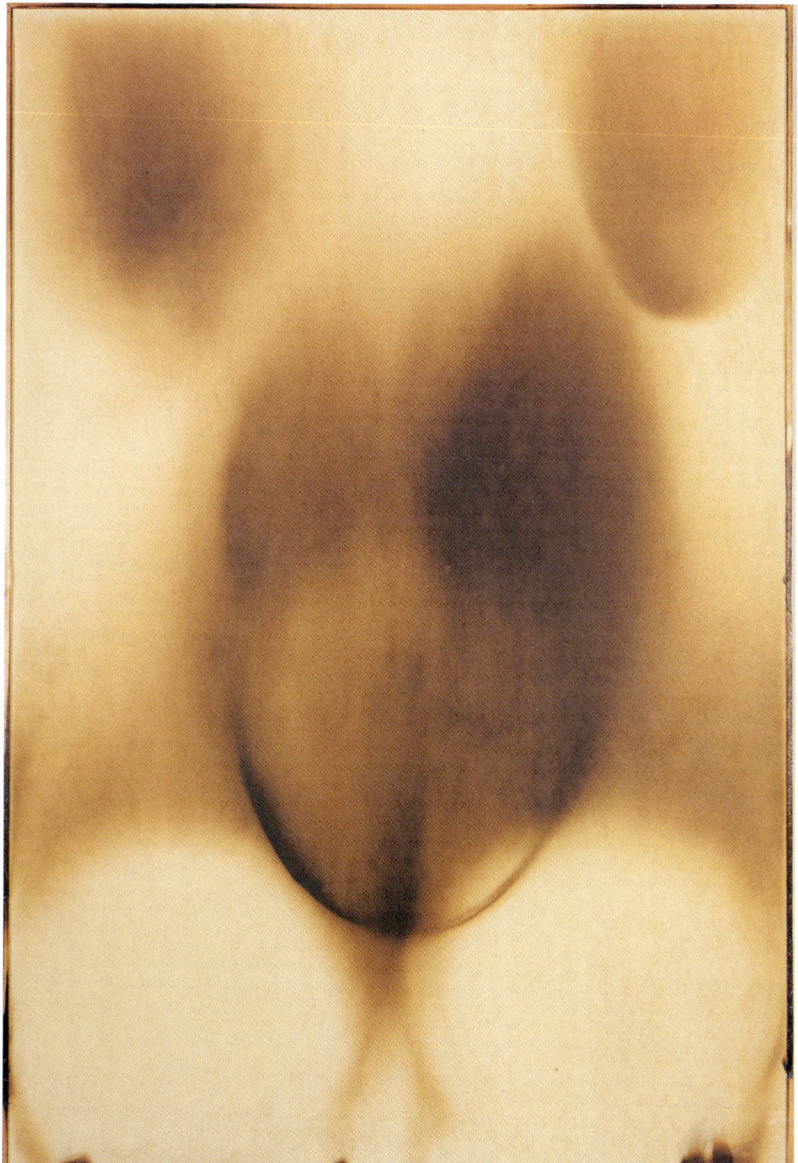

La plupart des commentateurs de l'« aventure monochrome » souscrivent à cette affirmation de Thomas McEvilley : « Il ne fait aucun doute qu'Yves créa un mythe [...] et que son mythe doit être considéré comme une œuvre en soi. » Pour qu'un mythe se crée, il faut, mais il ne suffit pas, que le créateur manifeste des qualités hors du commun. Il doit impérativement apparaître, en personne, et réaliser des gestes spectaculaires, susceptibles de s'inscrire durablement dans la mémoire collective. Klein y parvint : artiste, il fut l'auteur de ses œuvres ; démiurge, il est à l'origine de son mythe.

CHAPITRE 5

L'ARTISTE EN PERSONNE : CONSTRUCTION D'UN MYTHE

En octobre 1960, Yves Klein se jetait dans le vide, sous les yeux de Rotraut Uecker et devant les objectifs de deux photographes. Le 21 janvier 1962, l'artiste épouse en grande pompe la jeune femme, à Paris, dans l'église où il avait été adoubé chevalier de l'ordre des Archers de Saint-Sébastien.

Afin que son « épopée » pût se transformer en mythe, Klein devait faire la preuve de ses pouvoirs démiurgiques. Il y parvint en diversifiant ses champs d'intervention. Ainsi démontrait-il que ses capacités créatrices n'étaient nullement limitées par une compétence technique qui les cantonnerait dans un secteur d'activité.

La *Symphonie monoton-silence*

Au cours de sa conférence en Sorbonne, le 3 juin 1959, Klein plaide pour « le dépassement de la barrière du métier ». Il s'appuie sur sa propre expérience pour montrer que cela est possible. Ainsi, et bien qu'il ne soit pas musicien, a-t-il conçu une composition dont il fait entendre un bref extrait, un son électronique continu.

Cette composition, la *Symphonie monoton-silence*, est divisée en deux volets. Tout d'abord un son unique, continu, puis un temps équivalent de silence, la partie sonore préparant l'auditeur à transformer l'expérience du silence en plénitude. Ce diptyque est l'exacte transposition de l'articulation entre le visible et l'invisible, entre le bleu et l'immatériel, telle qu'Yves le Monochrome l'avait utilisée dans son exposition d'avril 1958.

Pour la mise au point technique de cette œuvre, Klein s'est fait aider par un compositeur, Louis Saguer. Pierre Henry en a également donné des versions. La barrière des disciplines peut être vaincue lorsque la conception d'une œuvre est dissociée de sa réalisation concrète.

Nous ne possédons que deux très brefs extraits d'une exécution de cette *Symphonie* à l'époque de Klein. Cependant, les partitions existent et des exécutions posthumes de cette composition ont été données. Il est évidemment important de l'entendre, d'en éprouver les effets, bien que Klein nous suggère que l'essentiel est ailleurs, dans sa seule existence. À Londres, en 1957 déjà, au cours de sa « conférence-discussion », un homme l'avait apostrophé, furieux : « Tout ceci est une gigantesque plaisanterie ; que penser en effet d'une symphonie à une seule note continue ? » Au lieu d'argumenter, Klein se leva,

Yves Klein en Sorbonne, dans l'amphithéâtre Descartes, pendant sa conférence *L'Évolution de l'art vers l'immatériel* (3 juin 1959). Son texte est posé sur le pupitre ; derrière l'artiste, le chevalet préparé pour qu'il puisse compléter ses démonstrations par des calligraphies japonaises. Sur le bureau, un magnétophone prêt à l'emploi : Klein s'en servira pour faire entendre un bref extrait de sa *Symphonie monoton-silence* – page de droite, l'une des partitions mises au point plus tard par Louis Saguer (les dates, 1947 ou 1949 sur d'autres copies, doivent être considérées avec circonspection).

Klein utilisa aussi le magnétophone pour donner des exemples de « cris bleus ». Il les avait demandés au critique Charles Estienne pour « commenter » son film sur ses expositions parisiennes de l'époque bleue. Klein les décrit ainsi : « Ces cris sont des cris contenus, assez longs et soutenus avec vigueur [...]. Pour donner une idée approximative seulement de ces cris : ils rappellent un peu les cris que poussent les marins à intervalles réguliers quand la brume est intense afin d'éviter les collisions. »

saisit son magnétophone. Son œuvre plaiderait pour lui. Hélas, il n'y avait aucune prise de courant à proximité. Et pourtant l'artiste triompha : « On me fit crédit. Le geste seul avait suffi. » On ne saurait espérer plus belle illustration du processus de mythologisation. Peu importe ici la réalité, pourvu que le geste soit juste et éclatant. Et peu importe la connaissance de l'œuvre par le canal d'une perception sensorielle si, touchant l'imaginaire de chacun, elle s'inscrit durablement dans les mémoires.

La Révolution bleue

Une autre caractéristique de cette construction, c'est d'effacer les frontières entre la sphère des actes privés et l'univers des œuvres artistiques. Dans le même temps s'évanouissent aussi les critères qui permettent de discerner le sérieux et l'humour.

Il est permis de douter que Klein ait vraiment eu l'intention d'étendre son empire au point d'annexer le champ politique, comme il l'a suggéré : « La peinture m'amènera au pouvoir politique. C'est à présent ma seule possibilité d'évolution picturale dans le futur… » L'action politique serait donc le prolongement de la création artistique par d'autres moyens. Klein a en effet écrit une « Esquisse du manifeste technique de la Révolution bleue » – le titre parodie un célèbre manifeste futuriste, le « Manifeste technique de la sculpture futuriste » (1912). Il a tracé les « grandes lignes du système économique » du mouvement.

Au mois de mai 1958, alors qu'en France la IVe République s'effondre, Klein adresse une lettre au président Eisenhower pour lui demander le soutien des États-Unis au projet d'instituer en France un Conseil de ministres exclusivement choisis parmi les dirigeants de la Révolution

Klein réalisa un *Globe terrestre bleu*. Mais à l'époque où il écrit au président des États-Unis (en bas, à gauche), l'artiste développe cette théorie : « Non, la Terre n'est pas un globe : elle est plate, mais attention, non pas dans le sens primaire et naïf où les peuples anciens le croyaient. Faites tourner très vite une pièce de monnaie sur elle-même, elle apparaît comme un globe à la vision, ce globe est l'illusion optique de la Terre, qui est ronde, car la Terre est plate comme une pièce de monnaie et nous vivons sur la surface constituée par les bords de la pièce. »

STRICTLY CONFIDENTIAL

"THE BLUE REVOLUTION" ULTRA SECRET

Movement aiming at the transformation of the French People's thinking and acting in the sense of their duty to their Nation and to all nations. Paris,

Address: GALERIES IRIS CLERT
3, rue des Beaux-Arts,
Paris - Vme.

Mr. President EISENHOWER
White House
Washington, D.C. - U.S.A.

Dear President Eisenhower,

At this time where France is being torn by painful event party has delegated me to transmit the following propositions:

To institute in France a Cabinet of French citizens (temp y appointed exclusively from members of our movement for 3 years), the political and moral control of an International House of Rep atives. This House will act uniquely as consulting b spirit of the U.N.O. and will be composed of a rep nation recognized by the U.N.O.

The French National Assembly will be thus particular U.N.O. The entire French government thus under the U.N.O. authority with its headquarters in New York.

This solution seems to us most likely to resolve most of the contradictions of our domestic policy.

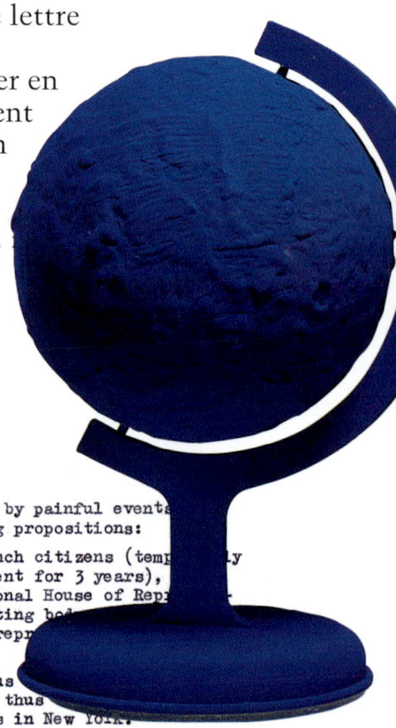

bleue, organisme dont le siège social est installé dans la Galerie Iris Clert, 3, rue des Beaux-Arts.

Lorsque l'artiste affirmait que l'action politique constituait sa « seule possibilité d'évolution picturale dans le futur », il ajoutait aussitôt : « Je parle sérieusement, mon programme est prêt, il est idéaliste, mais aussi très réaliste et pratique à la fois. J'ai les hommes qu'il me faut ; j'attends l'occasion pour agir… »

« Je parle sérieusement » : cette précaution doit être entendue comme une dénégation. La Révolution bleue relève de la fiction, voire de la provocation, comme le confirment son projet d'utiliser un mystérieux « IKB planctonique » pour créer, à côté de la mer Rouge ou de la mer Noire, une mer Bleue, et sa proposition de colorer en bleu les explosions atomiques et thermonucléaires.

Les brevets

Faut-il intégrer au *corpus* des œuvres de l'artiste le bleu IKB, couleur dont il aurait protégé la formule en la faisant breveter ? Si l'on en croit la « Légende dorée » de l'artiste, c'est évident. En toute rigueur, il faudrait sans doute nuancer la réponse. Pour deux raisons. Klein n'a jamais demandé la délivrance d'un *brevet* pour son bleu ; il a néanmoins entrepris une démarche visant à pouvoir prouver, en cas de besoin, l'antériorité de son invention. Le système utilisé par l'artiste, l'envoi d'une « enveloppe Soleau » à l'Institut national de la propriété industrielle, n'est pas assimilable à un dépôt de brevet. Ce système d'enregistrement, moins lourd et moins onéreux, n'offre pas du tout les mêmes garanties. Il ne confère pas à son titulaire

BREVET D'INVENTION

P.V. n° 820.336 — **N° 1.258.418**

Classification internationale : — **B 44 *b***

Procédé de décoration ou d'intégration architecturale et produits obtenus par application dudit procédé.

M. Yves KLEIN résidant en France (Seine).

Demandé le 2 mars 1960, à 19 heures, par poste.
Délivré par arrêté du 6 mars 1961.
(*Bulletin officiel de la Propriété industrielle*, n° 15 de 1961.)

La présente invention concerne :

A. Un procédé de décoration ou d'intégration architecturale essentiellement caractérisé par les points suivants, pris séparément ou en combinaisons ;

1° Il consiste à enduire totalement ou partiellement le corps d'un ou plusieurs sujets ou modèles d'une ou plusieurs couleurs adaptables à la peau puis à faire s'appliquer, sous la direction d'un maître d'œuvres ayant le recul nécessaire, le ou lesdits sujets sur un support approprié ou vice-versa, dans les poses convenables et ce en une ou plusieurs phases successives ou simultanées, de façon à obtenir des empreintes colorées sur ledit support.

2° C'est le corps du sujet, à savoir le tronc, les hanches et les cuisses, qui est de préférence utilisé à l'exclusion de la tête, des mains et des pieds.

3° Le médium ou liant qui fixe le pigment au support est utilisé pour reprendre l'ensemble de la surface sur laquelle a été gravée ou imprimée l'empreinte et à répartir de manière uniforme la note colorée de l'empreinte sur toute la surface du support.

B. A titre de produits industriels nouveaux, les décorations ou intégrations architecturales obtenues par application du procédé spécifié sous A.

Yves KLEIN

Par procuration :

Simonnot, Rinuy & Blundell

Ce « Brevet d'invention » est le seul que Klein ait jamais fait enregistrer. Il concerne un « procédé de décoration » qui repose entièrement sur la technique des *Anthropométries* – Klein souhaita la protéger lorsqu'il apprit que Claude Chabrol s'en gaussait dans une séquence de son film *Les Godelureaux* (1960).

« le droit de s'opposer à l'exploitation de sa création effectuée sans son consentement ».

De surcroît, l'invention déposée par l'artiste a trait au « médium fixatif » de l'IKB, et non à la couleur elle-même – un bleu outremer disponible dans tous les magasins spécialisés. L'histoire est cependant trop belle, d'autant plus que le « bleu Klein » s'est imposé comme l'emblème de son œuvre, pour que les faits résistent aux tentations d'une fictionnalisation à laquelle se prêtent si bien ses créations.

Klein semble brouiller les pistes à plaisir. Le recours à l'Institut national de la propriété industrielle relève d'une tentation moderniste – associer l'art et l'industrie. Il adressa six enveloppes Soleau à l'INPI, mais il prit effectivement un brevet, au sens plein du terme, pour la technique des *Anthropométries*, un procédé connu depuis les origines de l'art.

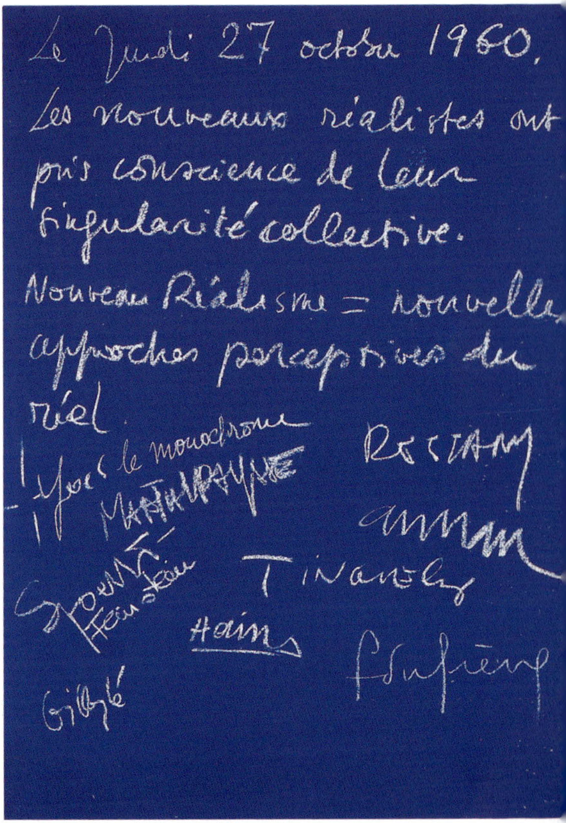
Le Jeudi 27 octobre 1960,
Les nouveaux réalistes ont pris conscience de leur singularité collective.
Nouveau Réalisme = nouvelles approches perceptives du réel.
Yves le monochrome
Restany
Tinguely
Hains

La déclaration constitutive du nouveau réalisme fut rédigée par Pierre Restany en neuf exemplaires : sept sur papier bleu IKB, un sur papier or et le dernier sur papier rose. Tous ont été signés par chacun des adhérents présents. L'usage de la trilogie des couleurs de Klein confirme sa prééminence au sein du groupe.

Les nouveaux réalistes

Avec les nouveaux réalistes, les rapports de Klein sont également complexes. Ils relèvent du malentendu. Il ne fait aucun doute qu'il fut l'un des fondateurs du groupe, dont la « déclaration constitutive » a été signée chez lui. Le texte, élaboré par Pierre Restany, stipule : « Le jeudi 27 octobre

1960, les nouveaux réalistes ont pris conscience de leur singularité collective. Nouveau Réalisme = nouvelles approches perceptives du réel. » Ces « nouvelles approches », le critique les pensait placées sous le signe de l'« appropriation ».

Klein est toujours considéré comme un membre éminent du groupe, bien qu'il s'en soit désolidarisé rapidement. Dans un mouvement d'humeur, en octobre 1961, il prononce avec ses amis Martial Raysse et Raymond Hains la dissolution du groupe. La référence de Restany à Dada – le critique avait organisé une exposition intitulée « À quarante degrés au-dessus de Dada » – agaçait Klein. Il n'aimait guère non plus le terme « nouveau », car « Nouveau c'est vieux tout de suite ». Il aurait préféré « Réalisme d'aujourd'hui » ; en effet : « Aujourd'hui, c'est tous les jours pour des siècles. »

Le désaccord fondamental est cependant ailleurs. Avec le mot « réalisme », le critique entend désigner la réalité concrète, celle des objets réels. Or Klein a une conception platonicienne du réalisme. Il s'en était expliqué, avant que le nouveau réalisme fût fondé, dans un texte intitulé « Le réalisme authentique d'aujourd'hui » (1959). Alors que la peinture figurative et la peinture abstraite lui semblent condamnées, il effectue « un retour au réalisme, à un authentique réalisme d'aujourd'hui et de demain, par l'immatériel ! » Nous sommes là plus proches du ciel des idées pures que de la trivialité du monde.

De gauche à droite, Martial Raysse, Arman, Yves Klein et Rotraut Uecker, dans l'appartement de Klein, rue Campagne-Première (Paris), en mars 1960. Plus qu'une association fondée sur des convictions esthétiques communes, le groupe des nouveaux réalistes réunit des amis pour une aventure collective. Klein a relaté comment et par qui ces compagnons ont été cooptés : « [Restany] nous réunit tous chez moi : tous ceux que nous avons décidé finalement lui et moi d'inviter à participer c'est-à-dire : HAINS, ARMAN, TINGUELY. RESTANY invite lui-même CÉSAR qui d'ailleurs ne se présentera pas. HAINS amène DUFRÊNE et VILLEGLÉ ; ARMAN et moi nous invitons RAYSSE de notre école de Nice. TINGUELY lui amène SPOERRI. » Restany avait aussi convié Rotella. Niki de Saint Phalle rejoindra le groupe en 1961.

Klein et Tinguely ont conçu et réalisé des dispositifs motorisés qui permettaient la rotation rapide de disques métalliques bleus IKB, alors plus vibrants que jamais (page de gauche, *Excavatrice de l'espace*, 1958). Ils ont donné lieu à une exposition, « Vitesse pure et stabilité monochrome » à la Galerie Iris Clert, en novembre 1958. Quant aux moulages réalisés par Klein en 1962, ils ont fait l'objet d'éditions, après sa mort (ci-contre, *Portrait-relief d'Arman*, en 10 exemplaires, et, ci-dessous, *La Victoire de Samothrace*, en 228 exemplaires).

Le *Saut dans le vide*

Quelques jours avant de signer le manifeste du nouveau réalisme, Klein réalise son *Saut dans le vide*, une œuvre qui a beaucoup contribué à sa légende. Il avait parlé à plusieurs reprises de lévitation et il considérait que l'espace était son domaine. Une photographie atteste qu'il pouvait s'y rendre sans l'assistance d'une quelconque technologie, directement, par la seule force de l'esprit.

Le saut a lieu à Fontenay-aux-Roses, dans une rue où un club de judo l'avait souvent accueilli, lui et certains de ses élèves. Klein s'élance d'un pilier situé à l'entrée d'un pavillon. Deux photographes sont chargés d'immortaliser la scène. Il a réalisé plusieurs essais. L'un d'eux est particulièrement convaincant : loin de tomber, l'artiste semble prendre son envol.

Vingt ans plus tard, Virginia Dwan, la galeriste qui avait organisé son exposition à Los Angeles, en 1961, témoignait : « Maintenant si je repense à ma carrière, à mon métier, je vois que ce qui m'a toujours impressionnée et continue de m'influencer le plus chez un artiste est une qualité d'intégrité ; une unité dans la vision et la nécessité. Une espèce d'obsession qui dirige l'action. Là se trouve un engagement de l'être même de l'individu. La photographie du saut de Klein, maintenant célèbre, dans le vide, résume tout cela. »

Virginia Dwan savait-elle que cette photographie est un photomontage ? Car bien sûr, lorsque Klein s'élançait, une équipe de solides judokas tenait

Ci-gît l'espace (1960, ci-dessous) condense les principales préoccupations de Klein au moment où, « peintre de l'espace », il se « jette dans le vide ». Sur ce panneau de bois présenté à l'horizontale, près du sol, doré à la feuille, d'autres feuilles d'or, frémissantes, se sont posées. La couronne d'éponge bleue et le bouquet de roses en tissu, discret hommage à sainte Rita mais aussi troisième terme de la trilogie des couleurs promue par l'artiste, résument de larges pans de son « aventure ». Un photographe a fixé l'image de Klein, couché sous cette dalle, les yeux fermés, prêt à s'évanouir dans l'immatériel.

fermement une bâche pour le recevoir et amortir sa chute. Elle n'a pourtant pas tort de parler d'« intégrité », à condition de considérer qu'il s'agit en l'occurrence d'une intégrité *artistique*. En ce domaine, et bien que personne ne soit dupe, la vérité mythique peut légitimement supplanter la vérité factuelle.

Harry Shunk et John Kender ont réalisé une série de clichés (dont celui-ci) lors des cinq sauts effectués par Klein pour élaborer son *Saut dans le vide.*

Dimanche. Le journal d'un seul jour

Le dimanche 27 novembre 1960, Klein fait distribuer dans des kiosques parisiens *Le journal d'un seul jour*, qu'il a entièrement conçu pour sa participation aux représentations théâtrales du Festival d'art d'avant-garde organisé par Le Corbusier et Jacques Polieri. L'artiste s'empare de ce dimanche pour présenter « une ultime forme de théâtre collectif ».

En première page, une photographie du *Saut dans le vide* est titrée : « Un homme dans l'espace ! » Elle présente l'artiste s'y lançant, tandis que, dans la rue, un cycliste s'éloigne, indifférent.

Quelques semaines plus tard paraît le catalogue de son exposition au musée de Krefeld. Parmi les documents

Dimanche fut imprimé sur les rotatives de *Combat* et distribué à l'aube par Klein, accompagné du photographe Harry Shunk et d'un jeune artiste, Hans Haacke. Des acheteurs ensommeillés l'ont peut-être confondu avec le *Journal du dimanche*, hebdomadaire dont Klein avait adopté la maquette pour sa publication. L'artiste choisit pour sa une la version avec cycliste du *Saut dans le vide*, mais il fit paraître dans le catalogue de son exposition de Krefeld (janvier 1961) la version sans cycliste, dévoilant ainsi la « supercherie ».

YVES KLEIN PRÉSENTE :
LE DIMANCHE 27 NOVEMBRE 1960

NUMÉRO UNIQUE

FESTIVAL D'AVANT-G
NOVEMBRE - DÉCEM

SEANCE DE 0 HEURE A 24 HEURES

La Révolution bleue continue

Dimanche
27 NOVEMBRE

Le journal d'un seul jour

0,35 NF (35 fr.)

UN HOMME DANS L'ESPACE !

THEATRE DU VIDE

ACTUALITÉ

Le peintre de l'espace se jette dans le vide !

Sensibilité pure

qui illustrent cette modeste publication figure une photographie en tout point identique à celle du journal, à un détail près : le cycliste a disparu. Comment ne pas en conclure que Klein cherchait ainsi à attirer l'attention des amateurs attentifs sur la nature de cette œuvre mixte ? Elle conjugue un réel exploit sportif et la compétence technique d'habiles photographes pour donner corps au merveilleux autant que pour nous convaincre de sa réalité.

Sous la protection de sainte Rita

Klein s'était placé sous la protection de sainte Rita, patronne des causes désespérées, pour laquelle sa tante Rose avait une profonde dévotion. Le culte de cette sainte est particulièrement répandu en Italie et il est très présent dans la région de Nice.

Seul, accompagné de sa tante, ou encore de Rotraut Uecker, sa future épouse, Klein s'est rendu à Cascia cinq fois. En septembre 1958, il déposa au monastère un monochrome bleu IKB. Avant que ne s'achevât son exposition de Krefeld, en février 1961, il remerciait la sainte par un ex-voto. Celui-ci contient une supplique qui se termine ainsi : « Sainte Rita de Cascia, sainte des cas impossibles et désespérés merci pour toute l'aide puissante, décisive et merveilleuse que tu m'as accordée jusqu'à présent – Merci infiniment. Même si je n'en suis personnellement pas digne ; accorde-moi ton aide encore et toujours dans mon art et protège toujours tout ce que j'ai créé pour que même malgré moi ce soit toujours la grande beauté. »

Avec l'aide de ses admirateurs et peut-être aussi grâce à l'intercession de la sainte de Cascia, l'artiste et ses œuvres n'ont pas cessé de « rayonner » après sa disparition brutale, le 6 juin 1962, à 34 ans.

L'église du monastère de Cascia expose à la dévotion des fidèles le corps de sainte Rita, patronne des causes désespérées. Klein lui a offert, anonymement, en 1961, l'ex-voto qu'une religieuse présente ici. En 1962, une crise cardiaque terrassait l'artiste. Oublié, son ex-voto reposait dans une réserve quand le tremblement de terre qui frappa, en 1979, l'Ombrie – la région de Cascia – endommagea l'édifice. Au cours des restaurations, un peintre eut besoin d'or. Les sœurs se sont alors souvenus d'une petite boîte déposée naguère, et elles la lui apportèrent. Par chance, l'artiste connaissait l'œuvre de Klein. Restany se rendit sur place, le 18 juin 1980, pour authentifier l'ex-voto. Il est toujours conservé à Cascia.

KODACHROME

TÉMOIGNAGES ET DOCUMENTS

Quand à ma tentation
de l'immatériel...
impossible de vous
donner une photographie

Du bleu à l'immatériel, un parcours

Klein a beaucoup écrit, mais il a peu publié. Une grande part des textes que nous connaissons aujourd'hui ont paru après sa mort. En 1958, il saisit l'occasion quand ses amis du groupe allemand Zero lui offrirent la possibilité de faire connaître son parcours artistique, bref et pourtant déjà riche, et d'exposer sa pensée. C'était là son premier texte sur l'art publié. Klein l'a écrit au moment où il préparait son exposition du «Vide».

«Ma position dans le combat entre la ligne et la couleur»

L'art de peindre consiste, pour ma part, à rendre la liberté à l'état primordial de la matière. Un tableau ordinaire, comme on le comprend dans sa matière générale, est pour moi comme une fenêtre de prison, dont les lignes, les contours, les formes et la composition sont déterminés par les barreaux. Pour moi, les lignes concrétisent notre état de mortels, notre vie affective, notre raisonnement, jusqu'à notre spiritualité. Elles sont nos limites psychologiques, notre passé historique, notre éducation, notre squelette ; elles sont nos faiblesses et nos désirs, nos facultés et nos artifices.

La couleur par contre est de mesure naturelle et humaine, elle baigne dans une sensibilité cosmique. La sensibilité d'un peintre n'est pas encombrée de coins et recoins mystérieux. Contrairement à ce que la ligne tendrait à nous faire croire, elle est comme l'humidité dans l'air ; la couleur, c'est la sensibilité devenue matière, la matière dans son état primordial.

Je ne peux plus approuver un tableau « lisible », mes yeux sont faits non pour lire un tableau, mais pour le voir. La peinture est COULEUR, et Van Gogh s'écria : « Je voudrais être libéré de je ne sais quelle prison.» Je crois qu'inconsciemment il souffrait de voir la couleur découpée par la ligne et ses conséquences.

Les couleurs seules habitent l'espace, alors que la ligne ne fait que voyager au travers et le sillonner. La ligne traverse l'infini, tandis que la couleur est. Par la couleur, j'éprouve une identification totale avec l'espace ; je suis réellement libre.

Pendant ma deuxième exposition parisienne chez Colette Allendy, j'ai montré en 1956 un choix de PROPOSITIONS de couleurs et de formats différents. Ce que j'attendais du grand public, c'était cette « Minute de vérité » dont parlait Pierre Restany dans son texte lors de mon exposition. En prenant la liberté de faire « table rase » de toute cette couche d'impureté extérieure, et en essayant d'atteindre ce degré de contemplation où la couleur devient pleine et pure sensibilité. Malheureusement, il s'avéra au cours des manifestations qui eurent lieu à cette occasion, que beaucoup de spectateurs étaient esclaves de leur manière de voir habituelle, et qu'ils étaient beaucoup plus sensibles à la relation des PROPOSITIONS entre elles et se recréaient les éléments décoratifs et architecturaux d'un motif à plusieurs couleurs.

Ceci m'incita à aller encore plus avant dans mes recherches et à faire en janvier 1957, cette fois à Milan dans la Galerie Apollinaire, une exposition dédiée à ce que j'osais appeler ma « Période Bleue » (il est vrai que depuis plus d'un an je m'étais consacré à la recherche de l'expression la plus parfaite du bleu). Cette exposition comptait dix [en réalité : onze] tableaux d'un ultra-marin sombre, tous rigoureusement identiques en ton, valeur, proportion et grandeur. Les controverses passionnées qui en résultèrent, et la profonde émotion qu'elle provoqua chez les personnes de bonne volonté, prêtes à se soustraire à la sclérose des anciennes conceptions et des règles ancrées, mirent le doigt sur l'importance du phénomène. Malgré toutes les erreurs, les naïvetés et les utopies dans lesquelles je vis, je suis heureux d'être à la recherche d'un problème de si grande actualité. Il nous faut – et ceci n'est pas une exagération – penser que nous vivons à l'ère atomique, où tout ce qui est matériel et physique peut disparaître du jour au lendemain pour céder la place à tout ce que nous pouvons imaginer de plus abstrait. Je crois que pour le peintre, il existe une matière sensible et colorée qui est intangible.

Je considère donc que la couleur même, dans son aspect physique, en arrive à limiter et asservir mon effort vers la création d'états artistiques sensibles.

Pour atteindre cet « indéfinissable » de Delacroix qui est l'essence même de

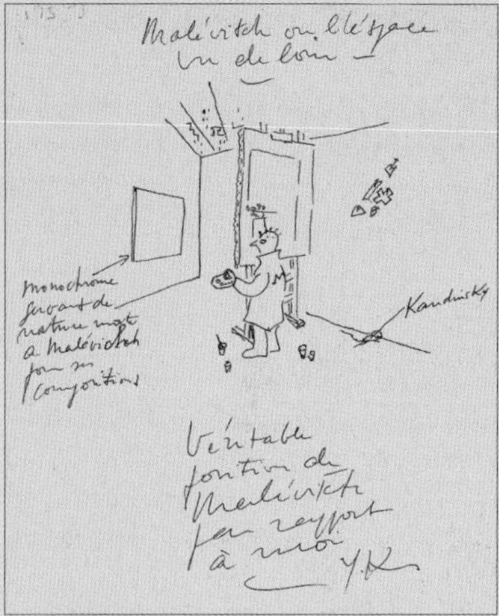

Klein a réalisé cette caricature, *Malévitch ou l'espace vu de loin* (1958), en s'inspirant d'un dessin humoristique qu'il avait collé dans l'un de ses *Press-Books*. Sur un mode plus sérieux, quoique paradoxal, Klein soutient à cette époque : « Je peux dire que Malévitch a peint une nature morte d'après l'une de mes monochromies. Car Malévitch avait en fait l'infini en face de lui – moi je suis dans l'infini.»

la peinture, je me suis mis à la «spécialisation» de l'espace, qui est mon ultime façon de traiter la couleur. Il ne s'agit plus de voir la couleur, mais de la « percevoir ».

Ces derniers temps, le travail de la couleur m'a conduit malgré moi à rechercher peu à peu la réalisation de la matière avec un soutien (de l'observateur – du traducteur) et j'ai décidé de mettre fin au conflit ; à présent mes tableaux sont invisibles et ce sont eux que je voudrais montrer dans ma prochaine exposition parisienne chez Iris Clert, d'une façon claire et positive.

Yves Klein,
revue *Zero* (Düsseldorf),
n° 1, avril 1958

L'exposition du « Vide »

L'exposition organisée par Klein à la Galerie Iris Clert (Paris), inaugurée le 28 avril 1958, jour du trentième anniversaire de l'artiste, est passée à la postérité sous une appellation qui ne permet guère d'en comprendre les enjeux, « Exposition du "Vide" ». Dans le seul livre consacré à l'art qu'il a publié, Le Dépassement de la problématique de l'art, *Klein en explique la préparation et le déroulement. Il nous permet ainsi d'en saisir l'ambition.*

Préparation et présentation de l'exposition du 28 avril 1958 chez Iris Clert, 3 rue des Beaux-Arts, à Paris
«La spécialisation de la sensibilité à l'état matière première en sensibilité picturale stabilisée»
Époque Pneumatique
(De nombreux détails seront omis, ils seraient trop nombreux.)

L'objet de cette tentative : créer, établir et présenter au public un état pictural sensible dans les limites d'une salle d'exposition de peintures. En d'autres termes, création d'une ambiance, d'un climat pictural réel et à cause de cela même invisible. Cet état pictural invisible dans l'espace de la galerie doit être littéralement ce que l'on a donné de mieux jusqu'à présent comme définition à la peinture en général, «rayonnement».

Invisible et intangible, cette immatérialisation du tableau doit agir si l'opération de création réussit sur les véhicules ou corps sensibles, des visiteurs de l'Exposition avec beaucoup plus d'efficacité que les tableaux physiques, ordinaires et représentatifs habituels qui, dans le cas où ils sont évidemment de bons tableaux, sont aussi dotés de cette essence picturale particulière, de cette présence affective, en un mot, de sensibilité, mais transmise par la suggestion de toute l'apparence physique et psychologique du tableau, lignes, contours, formes, composition, opposition de couleurs, etc. Il n'y a, à présent, plus d'intermédiaire : on se trouve littéralement imprégné par l'état sensible pictural spécialisé et stabilisé au préalable par le peintre dans l'espace donné [...].

La Galerie IRIS CLERT est toute petite, 20 m^2 ; elle a vitrine et porte d'entrée sur rue. Nous fermerons l'entrée par la rue, et nous ferons passer le public par le couloir d'entrée de l'immeuble, dans lequel il y a une petite porte donnant dans le fond de la galerie. De l'extérieur de la rue, il sera impossible de voir autre chose que du Bleu, car je peindrai les vitres avec le Bleu de l'époque bleue de l'année passée. Sur et autour de la porte d'entrée de l'immeuble par où le public aura accès dans la Galerie par le couloir, je placerai un monumental dais recouvert de tissu bleu, toujours du

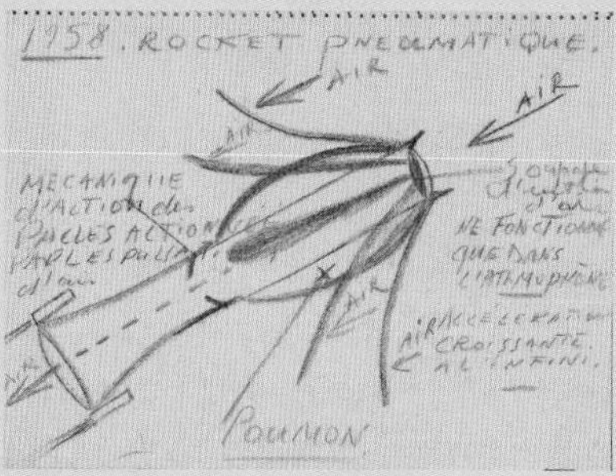

même ton outremer foncé.

[…] Dispositif scénique de la galerie : Afin de spécialiser l'ambiance de cette galerie, sa sensibilité picturale à l'état de matière première, en climat pictural particulier individuel, autonome et stabilisé : je dois, d'une part, pour la nettoyer des imprégnations des expositions précédentes et nombreuses, la blanchir. En peignant les murs en blanc, je désire par cet acte, non seulement purifier les lieux, mais encore et surtout en faire, par cette action et ce geste, momentanément mon espace de travail et de création, en un mot, mon atelier.

[…] En ne jouant pas au peintre en bâtiment, c'est-à-dire en me laissant aller à ma facture, à mon geste de peindre, libre et peut-être légèrement déformé par ma nature sensuelle, je pense que l'espace pictural que j'étais arrivé à stabiliser autrefois devant et autour de mes tableaux monochromes sera, dès lors, bien établi dans l'espace de la Galerie. Ma présence en action pendant l'exécution dans l'espace donné de la Galerie créera le climat et l'ambiance rayonnante picturale qui règne habituellement dans tout atelier d'artiste doté d'un réel pouvoir ; une densité sensible abstraite mais réelle existera et vivra, par elle-même et pour elle-même, dans les lieux.

[…] Pour bien préciser à l'extrême, que j'abandonne le Bleu matériel et physique, déchet et sang coagulé, issu de la matière première sensibilité de l'espace, je désire obtenir de la Préfecture de la Seine et de l'Électricité de France, l'autorisation d'illuminer l'Obélisque de la place de la Concorde en Bleu. De telle manière que par des cadres bleus placés sur les projecteurs déjà installés, on illumine l'Obélisque tout en laissant la base dans l'ombre, ce qui en redonnant tout l'éclat mystique de la haute Antiquité à ce monument, apportera par la même occasion la solution au problème qui, en sculpture, depuis toujours se pose : le « socle ».

[…] Ainsi, le Bleu tangible et visible sera dehors, à l'extérieur, dans la rue, et, à l'intérieur, ce sera l'immatérialisation du Bleu. L'espace colore qui ne se voit pas, mais dans lequel on s'imprègne. Le mercredi 23 mai [*sic*], à 23 heures, l'autorisation d'illuminer l'Obélisque en Bleu pour le soir de notre Vernissage ayant été accordée par la Préfecture, IRIS CLERT et moi, nous avons rendez-vous Place de la Concorde avec les techniciens de l'EDF. Quand nous arrivons, de loin déjà, nous sommes transportés d'enthousiasme par cette vision extraordinaire d'une rare et exceptionnelle qualité. Les surfaces couvertes de hiéroglyphes deviennent une matière picturale d'une richesse profonde et mystérieuse, inouïe et bouleversante.

C'est grandiose.

Les essais sont en tout point concluants.

Yves Klein,
Le Dépassement de la problématique de l'art,
La Louvière (Belgique),
Éditions Montbliart, 1959

Anthropométries

Klein introduit l'empreinte du corps dans son œuvre peu après son exposition du « Vide ». La «Chair» devient alors un contrepoids salutaire au bleu immatérialisé dans lequel il risquait de s'abîmer. Réagissant consciemment comme un «Occidental, un chrétien bien-pensant», l'artiste s'en est expliqué à plusieurs reprises, reprenant à nouveau frais l'ensemble de son parcours. Il n'est alors pas impossible qu'un certain humour lui permette d'oser exposer ses audaces.

« Yves le Monochrome 1960. Le vrai devient réalité »

... Projeter ma marque hors de moi, je l'ai fait !

Quand j'étais enfant…

Mes mains et mes pieds trempés dans la couleur, puis appliqués au support, et voilà, j'étais là, en face de tout ce qui était psychologique en moi. J'avais la preuve d'avoir cinq sens, de savoir me faire fonctionner !

Puis j'ai perdu l'enfance... comme tout le monde d'ailleurs (il ne faut pas se faire d'illusions) et, adolescent, à répéter ce petit jeu-là, j'ai très vite rencontré le néant.

Je n'ai pas aimé le néant, et c'est ainsi que j'ai fait connaissance avec le vide, le vide profond, la profondeur bleue !

Adolescent, je suis allé signer mon nom au dos du ciel dans un fantastique voyage réalistico-imaginaire un jour où j'étais allongé sur une plage à Nice... Je hais les oiseaux depuis ce temps-là d'ailleurs, car ils tentent de faire des trous dans ma plus grande et plus belle œuvre ! Les oiseaux doivent disparaître ! Arrivé là, dans l'aventure monochrome, je ne me faisais plus fonctionner ; j'étais fonctionnant.

Je n'étais plus moi; je, sans «je», faisais corps avec la vie elle-même. Tous mes gestes, déplacements, activités, créations, étaient cette vie originelle, ou essentielle elle-même. C'est à cette époque que je disais : « La peinture n'est plus pour moi en fonction de l'œil. Mes œuvres ne sont que les cendres de mon art. »

Je monochromisais mes toiles avec acharnement, puis le bleu tout-puissant se dégagea et règne encore et pour toujours.

C'est alors que je me suis méfié, j'ai pris des modèles dans l'atelier, pour peindre non pas d'après modèle mais en leur compagnie.

Je passais trop de temps dans l'atelier, je ne voulais pas rester ainsi tout seul dans le vide bleu merveilleux qui y croissait.

[…] Autrefois, le peintre allait au motif, travaillait dehors, dans la campagne ; il avait les pieds sur terre, c'était sain !

Aujourd'hui la peinture de chevalet,

académisée complètement, a fait tant, qu'elle a enfermé l'artiste chez lui, face à l'atroce miroir qu'est sa toile...

... Afin de ne pas rompre en m'enfermant dans les sphères trop spirituelles de la création d'art avec ce gros bon sens qui est nécessaire à notre condition incarnée et que spécialise dans l'atmosphère de l'atelier la présence de la chair ; j'ai donc pris des modèles nus.

La forme du corps, ses lignes, ses couleurs d'entre la vie et la mort ne m'intéressent pas ; c'est son climat affectif pur qui est valable.

La chair... ! ! ! !

De temps en temps, j'ai regardé tout de même le modèle...

... Très vite je me suis aperçu que c'était le bloc du corps lui-même, c'est-à-dire le tronc et encore une partie des cuisses qui me fascinaient. Les mains, les bras, la tête, les jambes, étaient sans importance. Le corps seul vit, tout-puissant, et ne pense pas. La tête, les bras, les mains sont des articulations intellectuelles autour de la chair qu'est le corps !

[...] Cette chair, donc, présente dans l'atelier, m'a longtemps stabilisé pendant l'illumination provoquée par l'exécution de mes monochromes. Elle m'a gardé dans l'esprit du culte de la «santé», de cette santé, qui nous fait vivre, insouciants et responsables à la fois, de notre participation essentielle à l'univers.

[...] Pendant que je continuais toujours à peindre monochrome, presque automatiquement j'ai atteint l'immatériel qui m'a dit que j'étais bien un Occidental, un chrétien bien-pensant qui croit avec raison à la «résurrection des corps, à la résurrection de la chair».

[...] « La marque de l'immédiat. » C'est ce qu'il me fallait !

... L'on comprendra aisément le processus : mes modèles ont d'abord ri de se voir transposées sur la toile en monochrome, puis elles se sont accoutumées et ont aimé la valeur, la qualité-colore chaque fois différente de chaque toile, même pendant l'époque bleue où c'était pourtant le même ton, le même pigment, les mêmes procédés techniques à l'exécution. Puis lorsque j'ai commencé peu à peu à ne plus rien produire de tangible avec l'aventure de « l'immatériel » dans mon atelier débarrassé même des monochromes et vide en apparence, là, mes modèles ont, alors, voulu absolument faire quelque chose pour moi... Elles se sont ruées dans la couleur et, avec leur corps, ont peint mes monochromes. Elles étaient devenues des pinceaux vivants !

[...] C'est à cette époque que j'ai vu apparaître à chaque séance les «marques du corps», qui disparaissaient d'ailleurs bien vite, car il fallait que tout devienne monochrome.

Ces marques, païennes dans ma religion de l'absolu monochrome, m'ont hypnotisé tout de suite, et je les ai travaillées clandestinement vis-à-vis de moi-même, longtemps, toujours en collaboration absolue avec les modèles, afin de bien partager les responsabilités en cas de faillite spirituelle.

Nous pratiquons, modèles et moi, une télékinèse scientifique parfaite et irréprochable. Et c'est ainsi que j'ai présenté tout d'abord en privé, chez Robert Godet à Paris, au printemps 1958, puis, d'une manière plus perfectionnée encore, le 9 mars 1960, à la Galerie Internationale d'Art Contemporain : Les anthropométries de l'Époque Bleue.

Yves Klein,
revue *Zero* (Düsseldorf),
n° 3, juillet 1961

Propositions en tout genre

Lors de sa conférence en Sorbonne, dans les quatre pages du «Journal d'un seul jour» qu'il édite en 1960, ou dans ses projets de publications, Klein manifeste une imagination débordante. Peintre, sculpteur et aussi architecte, musicien ou homme de théâtre, il renoue avec les grandes figures de la Renaissance quand il veut «briser la barrière du métier». Échappant aux limitations sclérosantes, il s'affirme alors non comme un spécialiste, mais comme un «artiste», en général.

« L'habitation immatérielle »

Maintenant, je voudrais parler rapidement d'un grand projet architectural qui me tient à cœur depuis toujours, la réalisation de l'habitation réellement « immatérielle » mais affectivement, techniquement et fonctionnellement pratique.

Cette maison doit être construite à l'aide du nouveau matériau «air», soufflé en murs, parois, toit, meubles. Cet air doit être conditionnable, bien sûr, de manière que la matière elle-même de la construction soit le chauffage ou la réfrigération générale et ambiante de toute la maison. L'ensemble des fondations (sous-sol) de cette maison atteindra tout au plus le ras du sol. Ces fondations seront construites en «dur».

Toutes les remises, cuisines, W.C., penderies, etc., ce sera la partie de la maison qui pourra être fermée à clef. Pour le reste, il ne sera pas nécessaire de prévoir de fermeture, car il n'y aura rien de tangible à voler ou prendre.

Dans le jardin ou parc, la fosse aux machines devra se trouver assez loin, entre 50 et 100 mètres, pour que le bruit mécanique ne parvienne pas à l'habitation, et en préserve ainsi l'intimité.

Dans l'air, on construit avec de l'air – matériaux immatériels.

Dans le sol, avec du sol – matériaux matériels – plus denses et plus lourds que la terre.

Pour une ville entière, les possibilités sont plus vastes et plus intéressantes.

Un seul et unique toit d'air avec une ligne de souffleries et une ligne d'aspiration à l'extrémité pour récupération et sections d'airs perpendiculaires au sol, pour limiter les espaces sous ce toit immense.

Tapuscrit extrait de *L'Aventure monochrome*, projet d'un livre que Klein n'eut pas le temps d'achever.

Klein, compositeur : la *Symphonie monoton*

Il ne suffit pas, bien sûr, de dire ou d'écrire ou de proclamer : « J'ai dépassé la problématique de l'art ! », il faut encore l'avoir fait, comme je pense l'avoir fait. Je désire même embrayer un instant sur le dépassement de la barrière du métier lui-même, et c'est une méthode qui est toujours issue de cette même éthique personnelle dont j'ai déjà parlé, et qui m'a permis de m'installer, moi, peintre, dans des domaines étrangers sans difficultés autres que les difficultés techniques habituelles que rencontrent les techniciens les plus avertis eux-mêmes de toute façon.

[...] Il y a quelques années de cela, j'ai créé une symphonie monoton [...].

La symphonie à l'origine durait quarante minutes. Elle était aussi longue justement pour montrer le désir de vaincre le temps. L'attaque et la fin de ce son avaient été coupées, ce qui provoquait une sorte de phénomène sonore étrange aspirant la sensibilité. En effet, n'ayant ni commencement, ni fin, même imperceptibles, cette symphonie sortait de la phénoménologie du temps, devenait extérieure au passé, au présent, au futur, puisqu'elle n'était jamais née ni morte en somme, après existence cependant dans la réalité sonore physique.

Donc, pour en revenir à l'idée de dépassement du métier, je prépare même un grand concert dans cet esprit monoton, aujourd'hui, mais non plus électronique cette fois, c'est trop froid pour moi. Je veux prendre la direction personnelle d'un grand orchestre classique de cent cinquante exécutants.

Yves Klein, *L'Évolution de l'art vers l'immatériel*, conférence en Sorbonne, 3 juin 1959 (transcription d'après l'enregistrement édité plus tard en disque)

« Règles rituelles de la cession des zones de sensibilité picturale immatérielle »

Les zones de sensibilité picturale immatérielle d'Yves Klein le Monochrome sont cédées contre un certain poids d'or fin. Il existe sept séries numérotées de zones picturales immatérielles qui comprennent chacune dix zones aussi numérotées. Il est délivré pour chaque zone cédée un reçu qui indique le poids d'or fin, valeur matérielle de l'immatériel acquis.

Les zones sont transférables par leurs propriétaires (voir règle établie sur chaque reçu).

Tout acquéreur éventuel d'une zone de sensibilité picturale immatérielle doit savoir que le simple fait qu'il accepte un reçu pour le prix qu'il l'a payée lui ôte toute l'authentique valeur immatérielle de l'œuvre, bien qu'il en soit cependant le possesseur.

Pour que la valeur fondamentale immatérielle de la zone lui appartienne définitivement et fasse corps avec lui, il doit brûler solennellement son reçu, cela après que son nom, prénom, adresse et date de l'achat aient été [*sic*] inscrits sur le talon du carnet à souche des reçus.

Dans le cas où il désire accomplir cet acte d'intégration à lui-même de l'œuvre, Yves Klein le Monochrome doit, en présence d'un Directeur de Musée d'Art, ou d'un marchand d'Art connu, ou d'un Critique d'Art, plus deux témoins, jeter la moitié du poids de l'or reçu à la mer, dans une rivière ou dans un endroit quelconque dans la nature, où cet or ne puisse plus être récupéré par personne.

Dès ce moment la zone de sensibilité picturale immatérielle appartient d'une manière absolue et intrinsèque à l'acquéreur.

Les zones ainsi cédées, après que l'acquéreur ait [*sic*] brûlé son reçu, ne sont plus transférables par leurs propriétaires.

P.S. - Il est important de signaler que, au-delà des rites de cession ci-dessus, existent, dégagées de toute règle et de toute convention, des cessions-transferts de vide et d'immatériel dans l'anonymat le plus absolu…

Tapuscrit collé dans le *Press-Book* constitué par Klein pour les trois cessions de *Zones de sensibilité picturale immatérielle* consenties à Dino Buzzati, Claude Pascal et Michael Blankfort (janvier et février 1962)

Dimanche
Yves Klein présente :
le dimanche 27 novembre 1960

« **Actualité** »

Dans le cadre des représentations théâtrales du Festival d'Art d'Avant-Garde de novembre-décembre 1960, j'ai décidé de présenter une ultime forme de théâtre collectif qu'est un dimanche pour tout le monde.

Je n'ai pas voulu me limiter à une matinée ou à une soirée.

En présentant le dimanche 27 novembre 1960, de 0 heure à 24 heures, je présente donc une journée de fête, un véritable spectacle du vide, au point culminant de mes théories. Cependant, n'importe quel autre jour de la semaine aurait pu être aussi utilisé.

Je souhaite qu'en ce jour la joie et le merveilleux règnent, que personne n'ait le tract et que tous, acteurs-spectateurs, conscients comme inconscients aussi de cette gigantesque manifestation, passent une bonne journée.

Que chacun aille dedans comme dehors, circule, bouge, remue ou reste tranquille. Tout ce que je publie aujourd'hui dans ce journal est antérieur à la présentation de ce jour historique pour le théâtre.

Le théâtre doit être ou doit tout au moins tenter de devenir rapidement le plaisir d'être, de vivre, de passer de merveilleux moments, et de comprendre chaque jour mieux le bel aujourd'hui.

Tout ce que je publie dans ce journal ont été mes étapes jusqu'à ce jour glorieux de réalisme et de vérité : le théâtre des opérations de cette conception du théâtre que je propose n'est pas seulement la ville, Paris, mais aussi la campagne, le désert, la montagne, le ciel même, et tout l'univers même, pourquoi pas ?

Je sais que tout va fonctionner très bien inévitablement pour tous, spectateurs, acteurs, machinistes, directeurs et autres.

Je tiens à remercier ici M. Jacques Polieri, directeur du Festival d'Art d'Avant-Garde, pour son enthousiasme, en me proposant de présenter cette manifestation «l e dimanche 27 novembre ».

Article publié en page 1 de *Dimanche 27 novembre*, « Le journal d'un seul jour », « La Révolution bleue continue »

« **Un homme dans l'espace !** »

Le peintre de l'espace se jette dans le vide !

Le monochrome qui est aussi champion de judo, ceinture noire 4e dan, s'entraîne régulièrement à la lévitation dynamique ! (avec ou sans filet, au risque de sa vie).

Il prétend être en mesure d'aller rejoindre bientôt dans l'espace son œuvre préférée : une sculpture aérostatique composée de Mille et un Ballons bleus, qui, en 1957, s'enfuit de son exposition dans le ciel de Saint-Germain-des-Prés pour ne plus jamais revenir !

Libérer la sculpture du socle a été longtemps sa préoccupation.

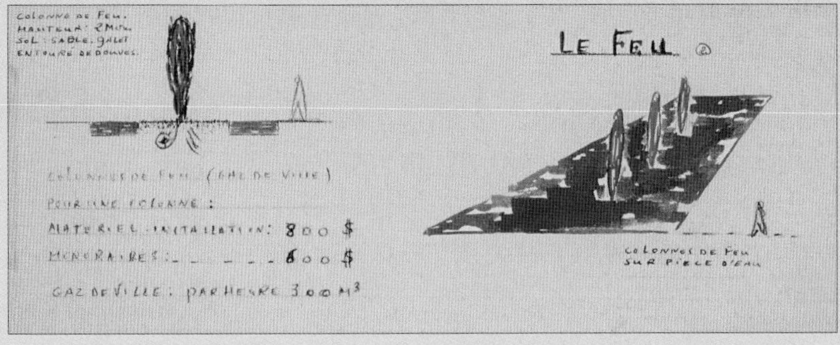

« Aujourd'hui le peintre de l'espace doit aller effectivement dans l'espace pour peindre, mais il doit y aller sans trucs, ni supercheries, ni non plus en avion, ni en parachute ou en fusée : il doit y aller par lui-même, avec une force individuelle autonome, en un mot, il doit être capable de léviter. »

Yves : « Je suis le peintre de l'espace. Je ne suis pas un peintre abstrait, mais au contraire un figuratif, et un réaliste. Soyons honnêtes, pour peindre l'espace, je me dois de me rendre sur place, dans cet espace même. »

Article publié
en page 1 du journal
Dimanche 27 novembre

«Stupéfaction monochrome»

Les spectateurs convoqués entrent dans une salle vide dont le sol est recouvert de riches tapis très épais en longue laine blanche et où leur sont distribuées des pilules bleues à consommer sur-le-champ.

Deux ou trois minutes plus tard, les personnages ayant consommé ces pilules tombent sous l'effet du stupéfiant : c'est-à-dire, une agréable torpeur dynamique dans laquelle apparaît un espace immense intérieur comme extérieur bleu, bleu uni monochrome.

(Cependant, dans ce bleu, deux autres couleurs semblent bien distinctes et séparées les unes des autres : c'est l'or et le rose, mais tout est bleu uni IKB en fin de compte.)

C'est la béatitude des paradis artificiels en bleu.

Tout le monde s'y prélasse.

Article publié
en page 3 du journal
Dimanche 27 novembre

« La statue »

Lorsque je serai enfin devenu comme une statue par l'exaspération de mon moi qui m'aura amené à cette sclérose ultime…

Alors, alors seulement, je pourrai mettre cette statue en place et sortir de moi dans la foule pour aller voir le monde, enfin. Personne ne s'apercevra de rien car ils regarderont tous la statue et moi je pourrai me promener, enfin libre…

C'est alors que je réaliserai mon rêve de toujours : devenir journaliste-reporter !

Article publié
en page 4 du journal
Dimanche 27 novembre

Pierre Restany, témoin et mentor

Pierre Restany (1930-2003), alors conseiller dans le cabinet ministériel de Jacques Chaban-Delmas, est encore un critique débutant quand il fait la connaissance d'Yves Klein. Cette rencontre sera déterminante, pour l'un comme pour l'autre. Le critique, fondateur en 1960 du nouveau réalisme, accompagne tous les développements de l'œuvre de Klein. Après la mort de l'artiste, il a continué à s'en faire l'avocat dans plusieurs ouvrages et de très nombreux articles.

GALERIE COLETTE ALLENDY
67, RUE DE L'ASSOMPTION, PARIS XVIe
Tél. AUT. 37-68 - Métro : RANELAGH

VERNISSAGE LE MARDI 21 FÉVRIER 1956
À 21 HEURES

DU 21 FÉVRIER AU 7 MARS 1956
DE 15 H. à 19 H.

DISCUSSION DANS LE CADRE DE
L'EXPOSITION ET À SON SUJET
LE VENDREDI 2 MARS À 21 HEURES

« La minute de vérité »

À tous les intoxiqués de la machine et de la grande ville, les frénétiques du rythme et les masturbés du réel, YVES propose une très enrichissante cure de silence asthénique. Bien au-delà des dévidages de mondes autres, déjà si peu perceptibles à notre sens commun du raisonnable, à côté sans doute de ce qu'il est convenu d'appeler « l'art de peindre », au niveau en tout cas des plus pures et plus essentielles résonances affectives, se situent ces propositions rigoureusement monochromes : chacune d'entre elles délimite un champ visuel, un espace colore, débarrassé de toute transcription graphique et échappant ainsi à la durée, voué à l'expression uniforme d'une certaine tonalité. Pardessus le public-public, si commode miroir aux alouettes, les vieux habitués de l'informel se mettront d'accord sur la définition d'un «rien», tentative insensée de vouloir élever à la puissance + ∞ la dramatique (et désormais classique) aventure du carré de Malévitch. Mais il n'y a précisément là ni carré noir ni fond blanc, et nous sommes au cœur du problème. L'agressivité de ces diverses propositions de couleur projetées hors des cimaises n'est qu'apparente. L'auteur requiert ici du spectateur cette intense et fondamentale minute de vérité, sans quoi toute poésie serait incommunicable ; ses présentations sont strictement objectives. Il a fui jusqu'au moindre prétexte d'intégration architecturale des espaces colores. On ne peut le suspecter d'aucune tentative de décoration murale. L'œil du lecteur, si terriblement contaminé par l'objet extérieur, échappant depuis peu à la tyrannie de la représentation,

recherchera en vain l'instable et élémentaire vibration, signe auquel il s'est habitué à reconnaître la vie, essence et fin de toute création… comme si la vie n'était que mouvement. On l'oblige enfin à saisir l'universel sans le secours du geste ou de sa trace écrite, et je pose alors cette question : où, à quel degré d'évidence sensible, se situe donc le spirituel dans l'art ? L'omnisciente dialectique a-t-elle fait de nous des mécanismes de pensée, incapables de totale accommodation sincère ?
En présence de ces phénomènes de pure contemplation, la réponse vous sera donnée par les quelques hommes de bonne volonté encore survivants.

Pierre Restany, texte du carton d'invitation de l'exposition « Yves. Propositions monochromes », Paris, Galerie Colette Allendy, février 1956

Yves Klein vient de mourir…

Yves Klein vient de mourir à 34 ans, d'une crise cardiaque, le 6 juin 1962.

Cette mort subite – un véritable scandale logique – l'a fauché en plein essor ; il laisse derrière lui des monceaux de notes, d'idées ébauchées, de plans grandioses. Sa brève existence, il l'a vécue à un rythme fulgurant. Il était exclusif et entier dans ses passions comme dans ses actes, parce qu'il voulait faire vite et bien.

Il réussissait toutes ses entreprises parce qu'il avait la foi des grands visionnaires et leur rayonnement spirituel, étrangement communicatif. Sa carrière est ainsi jalonnée d'étapes-conquêtes qui sont autant de mythes incarnés dans les faits : la proposition monochrome (conçue dès 1946), l'époque bleue (1957) ; l'époque pneumatique (1958), les Anthropométries 1960), l'Or frémissant et l'Immatériel (1960), les Cosmogonies, les peintures et les sculptures de feu (1961).

En moins de dix ans Yves Klein a fait deux fois le tour du monde et conquis les plus hauts grades du judo au Japon ; exposé une trentaine de fois, à Tokyo, Londres, Paris, Nice, Düsseldorf, New York, Los Angeles ; parlé en Sorbonne (« L'évolution de l'art vers l'immatériel ») ; bâti une architecture de l'air et de la climatisation de l'espace ; décoré de façon monumentale l'opéra de Gelsenkirchen ; tourné plusieurs films ; rédigé des centaines de notes de travail et publié deux ouvrages théoriques, l'un sur le judo, l'autre sur le « dépassement de la problématique de l'art ». On demeure confondu devant une telle vitalité. Ce visionnaire exalté projetait dans le présent tous les mythes du futur. Sa pensée était cosmogonique, sa soif d'absolu totale. Cédant à la tentation prométhéenne, il s'était annexé d'emblée toutes les manifestations de l'Élémentaire, le Vent, la Pluie, la Foudre ; il construisait sur l'air avec l'air ; il domestiquait enfin le feu.

Son urgence expressive qui était sans frontières [*sic*] ne se reconnaissait aucun domaine réservé. Pour Yves Klein il n'y avait pas de problème (physique ou métaphysique), mais des réponses. Là résidait le secret de sa force, mais de son humaine fragilité aussi. La Voie Royale d'Yves partait du Bleu pour aboutir au Vide : la trajectoire était météorique.

Nous l'avons vu disparaître, éblouis, les yeux secs de stupeur, incapables de pleurer. Larmes bien inutiles d'ailleurs : sa légende ne fera que grandir et avec elle une nouvelle dimension de son immuable présence.

Pierre Restany, texte écrit le 9 juin 1962, *Cimaise*, n° 60, juillet-août 1962

Fortune critique

Les expositions de Klein ont été très tôt perçues comme des « événements ». L'artiste a collecté dans des Press Books *une part des articles qui, toujours plus nombreux, leur étaient consacrés, tant en France qu'en Europe. Par la suite, les rétrospectives de son œuvre furent abondamment commentées. Négligeant les articles qui traduisent une incompréhension radicale – de simples railleries –, nous proposons ici un florilège de réactions suscitées depuis 1957.*

« Bleu Bleu Bleu »

À l'occasion de l'exposition « Yves Klein : Proposte monocrome, epoca blu », Galleria Apollinaire, Milan, Janvier 1957.

Yves Klein, champion de lutte japonaise et peintre de super-avant-garde, propose l'exposition de peinture la plus paradoxale que l'on ait jamais vue sur cette terre.

À cause d'une indisponibilité fortuite du responsable en titre de la rubrique artistique, l'auteur de ces lignes, qui n'est pas critique d'art, a été personnellement chargé de visiter une exposition et d'en rendre compte comme s'il était chroniqueur.

Or, parce que le hasard a beaucoup d'imagination, il se trouve que cette exposition s'est révélée être l'une des plus singulières, sinon la plus singulière et déconcertante depuis que l'art existe sur cette terre. À tel point que le responsable en titre, qui n'a pu y assister, pourra se dire : « Non mais regarde-moi ça : des expositions d'art, j'en vois chaque mois une centaine, qui se ressemblent toutes plus ou moins, au point de ne devenir qu'une seule et même exposition. Il est donc extrêmement éprouvant d'en rendre compte. Et puis voici qu'en arrive une hors du commun, sur laquelle il y aurait tellement à dire, mais que je ne peux pas aller voir. Je perds ainsi l'occasion de faire très belle impression. » (Tandis qu'un simple chroniqueur, aussi appliqué et diligent soit-il, comment peut-il, lui, faire une belle impression ?)

L'exposition, ouverte jusqu'au 12 janvier, avait lieu à la Galliera Apollinaire, située au 4, via Brera. On m'avait dit que cet endroit était l'antre de l'avant-garde la plus outrancière, la salle la plus polémique d'Italie, dans laquelle passent les phénomènes vivants, les fous, les anarchistes, les révolutionnaires, les terroristes, les frénétiques de l'extrême avant-garde.

Tous sans signature

Le premier tableau, qui mesure 56 centimètres de large sur 78 centimètres de haut, se compose d'une surface lisse et uniforme d'une couleur uniforme bleu uni, un beau bleu à vrai dire, de ton outremer. Sur cette surface, pas un signe, pas une ligne, pas un point, pas la moindre tache ou interruption. Rien que du bleu en tous points égal, avec de légères ondulations rectangulaires, comme le crépi de nos appartements. Et maintenant passons au deuxième tableau.

Le deuxième tableau, rectangulaire (56 cm de large sur 78 cm), se compose d'une surface lisse et uniforme d'une couleur uniforme bleu uni, un beau bleu, de ton outremer, sans un signe, une ligne, une tache, etc. – je vous laisse voir ci-dessus.

Le troisième tableau, *idem*.
Le quatrième, *idem*, et ainsi de suite. Onze tableaux absolument identiques (du moins en apparence), faits de rectangles bleus sans le moindre petit signe, pas même la signature. Seul le douzième est différent : au lieu d'être rectangulaire, il est carré, et au lieu d'être bleu, il est rouge.

Mais est-ce possible, demandera-t-on, qu'entre un tableau et l'autre il n'y ait pas la plus petite différence ?
La réponse, c'est qu'il y a bien une différence : elle consiste dans le fait que Yves Klein a exécuté ces tableaux dans des états d'esprit différents. Mais alors, cette différence d'état d'esprit créateur est-elle reconnaissable de quelque manière que ce soit dans les tableaux ? Non, absolument pas. En fait, si l'on voulait dresser un parallèle littéraire, ce serait comme une poésie qui dirait :

Mmmmmmmmm
mmmmmmmmm
mmmmmmmmm
etc.

(étant donné que, sans vouloir froisser Rimbaud, la lettre de l'alphabet représentant la couleur bleue est le «m», et non pas le «o», qui est notoirement rouge). [...]

La réaction du public
Et le public ? Eh bien le public réagit de trois manières.

Une majorité ricane ou proteste qu'il est temps d'en finir avec ces moqueries, et ainsi de suite.

Une minorité reconnaît que la chose est pour le moins extrêmement spirituelle.

Une minorité des minorités fait valoir son mérite et se demande si, dans un avenir très lointain, l'un de ces tableaux ne sera pas par hasard accroché au Louvre (dans ce domaine, après tout ce qui s'est vu ces dernières décennies, qui pourrait le parier ?).

Ce qui nous amène à la question du prix. Il est très modeste : 25 000 lires le tableau. Il y a jusqu'à présent deux acheteurs : un tailleur connu qui collectionne l'art abstrait, et le peintre-sculpteur Lucio Fontana – celui des trous, pour être clair –, lequel a démontré par cette acquisition qu'il était à la fois un homme plein d'humour et de sportivité.

Dino Buzzati, « Blu Blu Blu », *Corriere d'informazione*, Milan, 9 janvier 1957, traduit par Neville Roley

« Des bleus à l'art. La preuve par l'absurde »

À l'occasion de l'exposition « Monochrome Propositions of Yves Klein », Gallery One, Londres, juin-juillet 1957.

Maintenant que c'est fait, on s'étonne que cela n'ait pas été fait bien plus tôt, lorsque des mouvements tels que le suprématisme ou le dadaïsme poussaient à leurs conclusions logiques les plus extrêmes certains problèmes esthétiques fondamentaux. M. Yves Klein, jeune artiste français dont les récentes expositions parisiennes n'ont pas été sans provoquer quelque *brouhaha* [en français dans le texte], soutient (comme déjà Baudelaire avant lui) que, la première des sensations optiques étant la perception de la couleur, il lui incombe, en tant qu'artiste, de libérer cette perception de toute influence ou restriction extérieure.

Joignant un geste absurde à une parole somme toute raisonnable, il peint donc des surfaces planes d'une couleur mate et complètement neutre. Hormis quelques vestiges de texture laissés par le rouleau qu'il utilise (une impureté, concède-t-il), aucune variation n'est censée troubler notre contemplation d'un parfait rectangle de la couleur choisie : pour l'heure, l'artiste est dans sa période bleue. Certaines des «propositions monochromes» ainsi produites sont à présent visibles – aux cris répétés de « Fumiste ! » – à la Gallery One, dans D'Arblay Street.

M. Klein s'inscrit naturellement dans cette lignée d'expérimentateurs de la peinture moderne qui cherchent à cerner une essence pure de l'art comme s'ils quêtaient la pierre philosophale.
En réalité, leur démarche n'a généralement rien d'une fumisterie, mais sa logique relève de la preuve par l'absurde. Les tableaux de M. Klein n'ont aucun intérêt, sinon dans leurs implications théoriques (encore les Londoniens ont-ils échappé aux pantalonnades ridicules qui accompagnaient les expositions parisiennes), mais il fallait bien que tôt ou tard quelqu'un effectue cette démonstration extrême. Puisque c'est fait, nous pouvons retourner aux impuretés heureuses d'un art moins hypothétique.

«An artist with the blues. Reductio ad absurdum », compte rendu anonyme, *The Times*, 12 juillet 1957, traduit par Serge Chauvin

Entre le dadaïsme et le zen...

À l'occasion de l'exposition sans titre – dite, par la suite, « du Vide », Galerie Iris Clert, Paris, avril 1958.

Bien que la chose n'ait pas été concertée, je trouve rassurant et consolant que la manifestation de Yves Klein ait lieu au moment même où se tient l'exposition Modigliani chez Charpentier. Autant cette exposition Modigliani avec ses rombières à colliers de perles et chauffeurs qui attendent à la porte, me paraît scandaleuse, autant l'exposition de Yves me semble saine.

De quoi s'agit-il au juste ? Yves a convié deux mille personnes à venir méditer dans les murs peints en blanc de la galerie Iris Clerc [*sic*]. La foule a fait la queue à son vernissage et l'on a même pu voir des critiques d'art qui, en général, ne vont pas aux vernissages (dont l'auteur de ces lignes), attendre patiemment leur tour. « L'élite intellectuelle et bourgeoise » invitée s'est en général fâchée et l'on a pu voir tour à tour, les pompiers et la police alertés par de multiples plaintes. Les gardes républicains en grande tenue qui montaient la garde devant le catafalque d'entrée étaient relevés assez rapidement. Néanmoins le symbole était joli de ces gardiens de l'État faisant parade devant une chambre vide.

Je sais bien que l'intention de Yves était ailleurs que dans ces anecdotes, mais elles étaient néanmoins là. Disons qu'elles enlèvent tout sérieux à son entreprise et renforcent son côté dada. Mais là encore je ne serais pas contre, car je trouve que la peinture actuelle dite d'avant-garde, commence à crever sérieusement de sérieux et qu'elle manque de « profanateurs ».

Étant allé au Japon, tout comme Yves,

je sais ce que son idée de la monochromie doit au bouddhisme Zen. Et sa chambre nue n'est pas sans me faire songer au jardin de pierres de Ryoanji. Ni à certaines Tables de Méditation. Mais ces idées sont tellement éloignées de l'« esprit parisien ». Si l'on veut de toute manière qu'une semblable expérience soit prise au sérieux, il ne faut pas commencer par afficher des guignols de Gardes Républicains à la porte, donner aux invités une boisson bleue et se servir des murs d'une galerie renommée pour son esprit fantaisiste. C'est à Yves de choisir entre le dadaïsme et le zen qui sont deux états d'esprit radicalement opposés. Mais il est bien évident que si le Ryoanji était reconstitué à Paris, tout le monde ou presque prendrait ce jardin japonais pour une plaisanterie.

M. R. [Michel Ragon],
«Yves », *Cimaise. Revue de l'art actuel*,
mai-juin 1958

« En quoi Yves Klein est-il énervant ? »

À l'occasion de l'exposition « Yves Klein : Monochrome und Feuer », Haus Lange Museum, Krefeld, janvier-février 1961.

Yves Klein, ou, plus simplement, Yves, peintre parisien de 32 ans et lui-même fils d'un couple de peintres, est devenu extraordinairement « célèbre » en l'espace de quelques années. Sa venue provoque partout des attroupements et des bousculades. De la petite galerie de la rive gauche de la Seine, il est passé à la rive droite plus huppée et une célèbre galerie new-yorkaise s'offre désormais à lui pour l'été. C'est Schmela qui l'introduisit en Allemagne à l'occasion de l'ouverture de sa galerie à Düsseldorf. Pour le foyer de l'opéra de Gelsenkirchen, Ruhnau lui passa ensuite une grosse commande et voici que maintenant le Haus Lange, à Krefeld, l'un des plus beaux musées d'Allemagne, tombe sous le charme.

Les gens n'apprécient guère de telles ascensions qu'ils condamnent de la formule consacrée « Que du pipeau ». [...]. Les tickets de tramway usagés sur les tableaux de Schwitters et les porte-bouteilles présentés comme des œuvres d'art par les dadaïstes n'étaient également autrefois que des «charlataneries», mais c'était il y a longtemps et le recul de l'histoire les a depuis encensés. Il ne fait aucun doute qu'Yves Klein est un excellent manager de sa propre personne. Il n'a d'ailleurs pas d'autre manager ce qui veut déjà tout dire. Ce jeune homme quelconque et correctement vêtu envoûte les gens avec ses yeux noirs. Il n'est jamais à court d'idées et ne manque pas de partisans.

Que se cache-t-il exactement derrière ce vernissage turbulent et cette propagande indéniablement habile ? Ce que fait Yves a-t-il vraiment quelque chose à voir avec l'art ? Il y a trois ans, il exposa chez Schmela uniquement des « monochromes », des tableaux peints en une seule couleur, dans les bleus et les rouges qui le caractérisent. On considéra la chose comme une plaisanterie, mais, en grande partie sous son influence, l'idée de la «monochromie» toucha le milieu artistique. On veut une peinture qui favorise la quiétude et la méditation ; pas la guerre, mais la paix. Pour exprimer cet état, Yves se sert du bleu et du rouge. Pour Yves, deux couleurs sont deux personnes qui se disputent, il veut un «pan de couleurs sans conflit». Les tableaux monochromes d'Yves sont une démonstration, un geste, ils signifient un retour vers le point zéro à partir duquel tout est possible. En 1919, le russe Malévitch a lui aussi peint un carré blanc sur fond blanc, rien de plus, adoptant ainsi une position tout aussi radicale qu'Yves. Ce tableau, qui est aujourd'hui encore exposé au Museum of Modern Art de New York, est, entre autres, à l'origine du constructivisme.

On ne reste généralement pas longtemps au point zéro. Yves lui-même est devenu plus accommodant et on pourrait très bien imaginer ses tableaux les plus récents dans n'importe quel musée d'art moderne. Il y eut tout d'abord ses reliefs-éponges dans lesquels il disposait des éponges naturelles enduites de bleu sur des fonds bleus. Il juche des éponges bleues sur des montants métalliques et baptise « lecteurs » ces sculptures amusantes. Il donne à ses tableaux des structures en relief, comme on en voit beaucoup aujourd'hui, il les expose à la pluie pour que se forment des «paysages». Vint ensuite la période « or » : des panneaux dorés à la feuille ou des feuilles d'or collées qui tremblent dans l'air. Ses créations ne se limitent pas à ça et chacune d'elles est originale. Yves conçoit des sculptures avec des jets de flammes, une fontaine de feu éphémère au lieu de la traditionnelle fontaine à eau et, avec ses amis architectes, il médite sur une «architecture de l'air». Avec des toits d'air pulsé, pense-t-il, il serait possible de couvrir provisoirement des chantiers ou des stades. Peut-être se penchera-t-on plus tard sur certains de ces concepts.

La magnifique Krefelder Haus se fait très élégante avec les travaux d'Yves et, dans le fond, elle n'en est nullement crispante pour autant. En quoi Yves est-il irritant, alors ? La seule réponse est : à cause de son succès.

Anna Klapheck, « Das Aergernis Yves », *Rheinische Zeitung*, 24 janvier 1961, traduit par Didier Debord

« Ces hommes jettent de l'or dans la Seine »

À l'occasion de la cession à Michael Blankfort de la Zone de sensibilité picturale immatérielle, *série 4, zone n° 1, le 10 février 1962.*

Sur les quais de la Seine, près de Notre-Dame de Paris, un homme signe un chèque, un autre tient un coffret. Pourquoi au bord de l'eau ? On jettera de l'or dans le fleuve et on brûlera le chèque. Que se passe-t-il ? Vous le saurez en lisant notre article en page 3.

L'homme est parti avec deux petits lingots dans la main. On lui avait dit : c'est de l'or, prenez, et il avait déguerpi, ne voulant paraître ni trop surpris, ni trop méfiant. Je le vis pourtant, devant Notre-Dame, montrer les deux petits morceaux brillants à un collègue. Les deux hommes hochèrent la tête et s'éloignèrent encore plus vite. Nul doute, on en parlera longtemps, sous les ponts, de ces gens bizarres qui distribuaient de l'or aux cloches et à la Seine. Car ce samedi 10 février, on a jeté de l'or dans la Seine. Sept lingots exactement. D'un seul geste. Ça a fait floc ! Auparavant, il y avait eu toute une cérémonie. Nous avions assisté à la vente de la plus abstraite des abstractions. Yves Klein vend en effet de l'immatériel : une zone de sensibilité picturale immatérielle. C'est purement spirituel. Mais ce n'est pas gratuit. Cette idée d'une émotion picturale ne peut en effet se payer que du matériel le plus pur : de l'or fin. Et il faut aussi que quelques divinités tutélaires assistent à la cérémonie : la Seine et un conservateur de musée qui auront leur rôle à jouer dans l'affaire. Donc l'amateur d'une zone de sensibilité picturale immatérielle, en l'occurrence l'écrivain américain Michael Blankfort [...] descend aux bords du fleuve ;

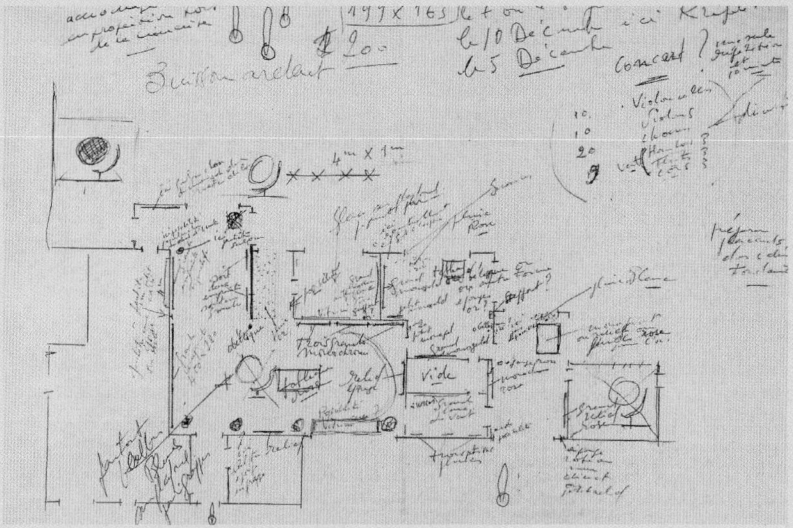

il porte avec lui dans un coffret cent cinquante grammes d'or fin, quinze petits lingots de dix grammes. Il y rencontre Yves Klein qui, en échange de l'or, lui remet un reçu, contresigné par le témoin conservateur de musée (François Mathey […]) : bon pour une zone de sensibilité picturale immatérielle. L'amateur doit ensuite, pour que l'immatériel soit vraiment immatériel, brûler le reçu, cependant qu'Yves Klein, de son côté, pour témoigner aussi qu'il n'est pas, non plus, un vil matérialiste, [doit] jeter à la Seine la moitié de l'or. C'est fini. Messieurs, dames, la cérémonie est terminée : avec le reste de l'or tout le monde ira déjeuner. Il faut bien compenser tant d'abstractions subtiles par quelques nourritures terrestres. Il eût été difficile d'expliquer tout cela aux clochards et autres pauvres bougres qui traînent dans les parages. C'est pourquoi je crois que celui qui ramassa au passage deux lingots […] ne comprendra jamais les raisons de cette aubaine. Mais si vous vous attardez sur les quais, ne vous étonnez plus si on vous demande : Pardon, mon prince, vous n'auriez pas un petit lingot ?

Article illustré de photographies, dont celle de l'heureux « clochard », non signé, dû à Pierre Descargues, *La Tribune de Lausanne*, 18 février 1962

« La légende d'un artiste »

À l'occasion de l'exposition « Yves Klein, 1928-1962 : A Retrospective », Houston, Chicago, New York, 1982-1983, exposition intitulée « Yves Klein » lors de sa présentation à Paris, 1983.

Yves Klein est mort il y a vingt ans. Il venait juste d'avoir trente-quatre ans. La grande rétrospective organisée par Dominique de Menil à Houston permet enfin de mieux connaître la vie et l'œuvre […]. Quel accueil l'Amérique réservera-t-elle à « Yves le Monochrome » ? Le voyage entrepris de son vivant n'avait guère été un succès, New York l'avait accablé de sarcasmes. [...] Yves Klein est déroutant : dès le début, le refus de son œuvre va de pair avec une dévotion frisant l'hystérie, et les apologistes qui l'ont connu durant son bref parcours de comète n'ont pas été en mesure de nous communiquer les raisons de leur engouement. Les livres de Restany ou de Wember ont les qualités et les défauts propres aux témoignages de gens persuadés d'avoir assisté à des mystères. Pis encore, cet obscurantisme a apporté de l'eau au moulin de tous ceux qui essaient de profaner la liturgie d'« Yves le Monochrome ».

Quand on regarde les photos de l'artiste en action, quand on contemple ses tableaux, quand on tente d'étudier ses écrits non commentés et donc malaisés à apprécier, on mesure toute l'indigence des documents diffusés par ses évangélistes. Il est désormais évident que le zèle dévot des premiers exégètes n'est pas adéquat à l'œuvre. Yves Klein et ses actions appartiennent à l'actualité en matière d'histoire de l'art, c'est un fait établi. Ce que nous voyons a beaucoup perdu de son caractère marginal, mais n'en montre pas moins que nous vivons une époque férue de marginalité. Plusieurs travaux créés après son décès sont tributaires de son œuvre, se réfèrent à son jeu sur le vide et à son narcissisme, qui ont beaucoup nourri l'introspection et la mythologie privée. Un homme sautant sur le tremplin du néant ? Quelle photographie pourrait mieux illustrer le désir presque fanatique d'Yves Klein de construire une légende messianique sur une vie intense que cette vue accueillant le visiteur à Houston, à l'entrée de l'exposition ? Elle montre un coin de rue à la fois idyllique et ordinaire de la banlieue parisienne. Yves Klein saute dans le vide, par la mansarde d'une petite maison. Apparemment, cela n'a rien d'étonnant. Un cycliste tourne le dos au miracle. Car ce n'est pas un geste désespéré qui est présenté : le Parsifal de l'avant-garde qui défiait Paris au lendemain de la guerre nous livre ici la quintessence de sa poétique du monde. Le miracle a été préparé dans les moindres détails. Les mouvements de la tête et des bras rappellent ceux des représentations de l'Ascension. Les circonstances dans lesquelles cette photographie a été réalisée ont été un secret bien gardé du vivant de l'artiste. Ce montage photographique a bien sûr été créé en laboratoire, mais le bruit a longtemps couru qu'Yves avait exécuté son « ascension » sans filet.

Werner Spies,
in *Frankfurter Allgemeine Zeitung*,
10 avril 1982 ; article repris dans
W. Spies, *Modes d'emploi. Artistes pour notre temps*, trad. par
Claire de Olivera, Paris, Gallimard,
coll. « Art et artistes », 1998

L'œuvre en tant qu'acte

Notre conception de la peinture, percée des coups que lui portent les avant-gardistes, tournée en dérision par le «ready-made», drainée par le monochrome, ne cesse pourtant, bien sûr, de se reconstituer. Il y a longtemps déjà, depuis les toutes premières avant-gardes justement, que nous savons qu'art et anti-art, peinture et sortie de la peinture sont solidaires, que l'esprit humain, en dérive dans l'inconnu, se rétracte comme un mollusque à la moindre menace. D'où ces ruptures qui ne peuvent qu'être uniques dans leur forme et sans cesse réitérées, produisant un écart qui sera aussitôt comblé. Klein a réalisé des dizaines de monochromes identiques. Mais il aurait pu en laisser au moins autant que de peintures ont été imaginées, matérialisées, rêvées ou effacées depuis les origines de l'art. Malévitch a peint un monochrome blanc, Reinhardt s'est obstiné dans le monochrome noir, Manzoni a inventé l'achrome tandis que Klein s'identifiait au monochrome bleu. De manière aussi infinie qu'est le registre des couleurs, chaque peintre peut, par le choix d'une seule d'entre elles, accomplir le geste qui le dérobe aux déterminismes de l'histoire.

Car le sens de ce geste est tout entier dans son accomplissement. L'œuvre vaut pour l'arrachement qu'elle signifie à une pensée établie, elle vaut en tant qu'acte. Klein disait « Mes tableaux sont les cendres de mon art », et Restany remarque que l'artiste se manifestera de moins en moins au travers d'objets, de plus en plus par des événements qui, comme le seront bientôt les «happenings», n'existent que dans le processus de leur déroulement. «À l'exposition témoin succède l'action spectacle.»

Cet acte, dans sa nudité, aura quelques conséquences théoriques. Dans le courant des années 70, des démarches apparaîtront, grosso modo regroupées dans la catégorie de l'Art Conceptuel, et qui, négligeant de confectionner des « objets d'art », se manifesteront au travers d'actions ou encore de discours le plus souvent éphémères.

Catherine Millet, *Yves Klein*,
Paris, Art Press-Flammarion, 1983

Yves Klein : bouc émissaire ?

Parmi les nombreuses entrées qu'on a quotidiennement envie d'ajouter au *Dictionnaire des idées reçues* figurerait en bonne place celle-ci : *Yves Klein, clown mystique. Toujours ajouter : avec des intuitions géniales*. Personne ne conteste la place de Klein dans l'art de la fin du XXe siècle, ni l'impact considérable qu'il eut sur les générations qui le suivirent et que l'on regroupe dans les catégories fourre-tout d'art conceptuel, d'art pauvre ou d'art de la performance. L'engagement fondateur de Pierre Restany n'est plus à redire. Harald Szeemann rapporte qu'il trouva le titre de son exposition «Quand les attitudes deviennent forme» [Berne, 1969] après qu'Edward Kienholz lui eut suggéré d'y inclure une «œuvre immatérielle» d'Yves Klein, et il serait trop long de citer tous ceux qui, de Walter de Maria à Robert Morris, font référence à son travail. Mais en dépit du respect qui l'entoure, Klein reste en quelque sorte poursuivi par une image de singularité naïve, qui pourrait bien ressembler à ce portrait qu'il fit un jour faire de lui, en costume de Chevalier de l'ordre des archers de Saint-Sébastien. Le risque existe que le regard porté sur son œuvre pâtisse de cette réputation fanfaronne. Il ne s'agit certainement pas d'exonérer Klein des travers qui ont pu être les siens, et chacun a le droit de voir en lui un exalté ou un artiste kitsch (ce fut, dit-on, l'opinion de Leo Castelli, qui n'exposa que les monochromes bleus, jugés acceptables). Mais on peut se demander dans quelle mesure il ne joue pas un peu dans l'histoire de l'art contemporain le rôle d'un bouc émissaire, dont le sacrifice au nom du bon goût purgerait d'un coup notre modernité de ce qu'elle peut avoir souvent d'apparemment puéril. Son bicorne désuet est-il tellement plus cabot que la perruque de Warhol, la tonsure de Duchamp, le feutre cabossé de Beuys ?

Marie-Anne Sichère et Didier Semin,
«Préface», *Yves Klein,*
Le Dépassement de la problématique de l'art et autres écrits,
Paris, École nationale
supérieure des Beaux-Arts, 2003

Amis, complices : deux témoignages

Klein en a agacé plus d'un, mais il a aussi beaucoup séduit. Iris Clert accompagna l'« aventure monochrome » de l'artiste de 1957 à 1961, année où il rejoint la Galerie Rive Droite, mieux à même d'assurer la promotion de son œuvre. Elle a raconté sa première rencontre avec Yves le Monochrome. Parmi les artistes, Jean Tinguely fut l'un des plus proches amis – mieux encore, un complice. En 1958, ils ont exposé dans la Galerie Iris Clert des œuvres réalisées en commun. Lui aussi a laissé un témoignage.

« Ce n'est pas un tableau ! »

Claude Rivière, qui défendait les jeunes artistes, ne cessait de me parler de son dernier protégé, un certain Yves Klein. Il avait exposé chez Colette Allendy des panneaux unicolores, disait-elle. C'était le fils de Marie Raymond, peintre abstrait lauréat du prix Kandinsky 1952 [en fait, 1949], et de Fred Klein, peintre figuratif hollandais, spécialisé dans les chevaux. Elle me parlait de ce jeune prodige qui revenait du Japon, ceinture noire, judoka quatrième dan. Son enthousiasme était tel que je refusai de le connaître ; je me méfie toujours des éloges trop flatteurs.

Un jour, pendant l'exposition de Tsingos, je vis entrer un jeune homme à l'allure sportive avec un beau sourire franc et de grands yeux noirs qui vous regardaient droit dans les prunelles.

– Je suis Yves Klein, me dit-il. Je vous ai apporté une proposition monochrome.

Il tenait à la main un petit tableau orange tout uni, tout lisse, comme un pan de mur.

– Ce n'est pas un tableau !

– Si, c'est une proposition monochrome. Je vous le laisse quelques jours, vous me direz ce que vous en pensez.

Je posai cette « chose » par terre dans un coin et n'y pensai plus.

Tous les matins, en rentrant dans ma galerie, cette tache orange me sautait aux yeux ; parmi tous ces Tsingos multicolores, cette présence orange me fascinait. J'eus l'idée de le placer sur un petit chevalet dans ma vitrine. L'effet fut instantané. Les étudiants des Beaux-Arts en passant pour aller Chez Tintin ne cessaient de me couvrir de leurs quolibets.

– Qu'est-ce que c'est ça ?

– C'est un tableau.

– Vous vous foutez du monde?

– Non, c'est une proposition monochrome.

[...] Bientôt, toute la rue fut au courant qu'une folle exposait un tableau tout uni et d'une seule couleur. Ma vitrine devint le « clou » de la rive gauche. Quand Yves revint, j'acceptai d'aller visiter son atelier. C'était à Pigalle, à côté du Moulin-Rouge. J'entrai dans un immense atelier où il donnait ses cours de judo. Sur les murs je pus voir son œuvre, de grands panneaux monochromes de toutes les couleurs. Je croyais qu'ils représentaient les ceintures de judo.

– Que pensez-vous de mes tableaux ?

– Je pense que c'est un beau décor pour le judo.

– Mais non, c'est une démarche métaphysique.

– Expliquez-moi…

À partir de ce jour Yves et moi deviendrons inséparables. Nous nous retrouvons tous les soirs à La Coupole où nous serons rejoints par les autres peintres.

Iris Clert, *Iris-Time. L'artventure*, Paris, Denoël, 1978

« Un superbon camarade »

Dominique De Menil : Quand il faisait son judo, l'exercice physique que cela supposait lui donnait un certain équilibre.

Jean Tinguely : Il ne le faisait pas comme un athlète. Comme il ne faisait pas la monochromie comme un « espace ». Il n'avait pas la contemplation, le calme, l'équilibre, en lui.

[…] Il combattait sa mère, il combattait son père qui étaient des peintres. Fred Klein était peintre, sa mère était peintre. Il a connu Hartung quand il était gosse, Nicolas de Staël quand il avait douze ans.

[…] Il parlait toujours des cendres à propos de tout ce qu'il faisait. Il disait toujours « ce qui m'intéresse, c'est les cendres ». Il avait le sens profond de l'éphémère.

[…] J'ai toujours vu […] un côté Dada, pour reparler de Dada, dans Yves. Parce que Yves savait aussi, de temps en temps, rire. Il rigolait. Il se roulait par terre de rire. En même temps, il savait se prendre au sérieux, à un point qu'il pouvait passer un soir entier à essayer de convaincre quelqu'un que la Terre était plate et carrée. C'était dur à l'époque, surtout quand il y avait déjà des satellites qui tournaient autour de la Terre. C'était pas tellement facile de prouver aux gens que la Terre était plate et carrée. Il y arrivait.

[…] Il était mégalomane total. Il n'était pas seulement le monochrome, il était le mégalomane. La mégalomanie, chez lui, était un état naturel.

[…] Il pouvait vous raconter des histoires fabuleuses sur le Graal, sur les chevaliers. Il avait même appartenu à cet ordre de Saint-Sébastien – mais pas pour faire le malin face à qui que ce soit, c'était un rêve qu'il vivait. Il vivait tout vraiment.

[…] Le personnage de Klein empêchait qu'on le prenne au sérieux. Il était trop vivant. Un artiste ne peut pas être aussi charmant, aussi formidablement convaincant, avoir une telle articulation d'idées. C'était presque pas concevable qu'un artiste puisse être comme Yves Klein. C'était un handicap : son charme extraordinaire, sa gentillesse, son côté camarade. Il était beau, pas assez moche. Il faut être moche pour être un artiste – ivre ou malade, ou avoir dix enfants. Il était tout simplement superbe, alors ça, ça agace.

[…] L'impasse Roussin [où était situé l'atelier de Tinguely], c'était le contraire de son atelier de la rue Campagne-Première. C'était sauvage, merveilleux. On pouvait faire des bricoles. On pouvait souder. Ce qu'on ne pouvait pas faire dans son atelier. Beaucoup de ses socles ont été faits par moi, à l'impasse Ronsin, tous ces objets, ces éponges sur tiges. On travaillait ensemble. Vous savez que j'ai fait aussi un relief à Gelsenkirchen, une commande qu'Yves m'a fait avoir. Un grand relief dans l'amphithéâtre […].

D. M. : Ça prouve qu'il était bon camarade.

J. T. : J'ai dit ça, superbon camarade.

Jean Tinguely, « Un superbon camarade », entretien avec Dominique De Menil, 17 juin 1980, catalogue de l'exposition « Yves Klein », Paris, Centre Georges Pompidou, 1983

BIBLIOGRAPHIE SOMMAIRE

Publications d'Yves Klein

- *Les Fondements du judo*, Paris, éditions Bernard Grasset, 1954 ; réédition, augmentée d'un avant-propos de Jean-Luc Rougé, d'une introduction de Daniel Moquay et Pierre Cornette de Saint-Cyr, Paris, éditions Dilecta, 2006.
- *Yves Peintures*, imprimé sur les presses de Fernando Franco de Sarabia, Madrid, Jaen, 1954 ; édition en fac-similé, postface de Denys Riout (texte bilingue, français/anglais), Paris, éditions Dilecta, 2006.
- *Le Dépassement de la problématique de l'art*, La Louvière, Éditions Montbliart, 1959 ; repris dans : Klein (Yves), *Vers l'immatériel*, édition bilingue français/anglais du « Dépassement de la problématique de l'art » et de la « Conférence à la Sorbonne », avec l'enregistrement sur CD de la « Conférence », préface de Denys Riout, Paris, éditions Dilecta, 2006.
- *Dimanche. Le journal d'un seul jour*, Paris, 27 novembre 1960.
- *Le Dépassement de la problématique de l'art et autres écrits*, textes réunis et présentés par Marie-Anne Sichère et Didier Semin, Paris, École nationale supérieure des Beaux-Arts, coll. Écrits d'artistes, 2003.

Catalogues d'exposition

- *Yves Klein*, Paris, Centre Georges-Pompidou, musée national d'Art moderne, 2006.
-*Yves Klein. La vie, la vie elle-même qui l'art absolu*, Nice, musée d'Art moderne et d'Art contemporain, 2000.
- Stich (Sidra), *Yves Klein*, Stuttgart, Cantz Verlag, 1994 (version anglaise et version allemande ; ouvrage publié à l'occasion des expositions *Yves Klein*, Museum Ludwig, Cologne, et Kunstsammlung Nordrhein-Westfalen, Düsseldorf, 8 novembre 1994-8 janvier 1995, Hayward Gallery, Londres, 9 février-23 avril 1995, Museo Nacional Centro de Arte Reina Sofia, Madrid, 24 mai-29 août 1995).
- *Yves Klein*, Paris, Centre Georges-Pompidou, musée national d'Art moderne, 1983.

Ouvrages consacrés à Yves Klein

- Charlet (Nicolas), *Les Écrits d'Yves Klein*, Paris, Luna-Park Transédition, 2005.
- Kahn (Annette), *Yves Klein. Le maître du bleu*, Paris, Stock, 2000.
- Ledeur (Jean-Paul), *Yves Klein. Catalogue raisonné des éditions et des sculptures éditées*, Sint-Martens-Latem, Éditions Guy Pieters, 1999.
- Millet (Catherine), *Yves Klein*, Paris, Art Press-Flammarion, 1983.
- Restany (Pierre), *Yves Klein le monochrome*, Paris, Hachette, 1974.
- Restany (Pierre), *Yves Klein*, Paris, Chêne/Hachette, 1982.
- Restany (Pierre), *Yves Klein. Le feu au cœur du vide*, Paris, La Différence, 1990.
- Riout (Denys), *Yves Klein. Manifester l'immatériel*, Paris, Gallimard, coll. « Art et artistes », 2004.
- Wember (Paul), *Yves Klein* [catalogue raisonné], Cologne, DuMont Schauberg, 1969.
- *Yves Klein : Monochrome und Feuer, Krefeld 1961*. Ein Dokument des Avantgarde, doc. réunis par Julian Heynen, Krefeld, Krefelder Kunstmuseen, 1994.

Filmographie

Ces films, réalisés entre 1953 et 1962, en 16 ou 35 mm, ont été restaurés par les services du Centre Georges-Pompidou (Paris), en 1999.

- 1953 : *Scènes de judo*, filmées au Japon (Randoni des étrangers et Kata des cinq principes ; noir et blanc).
- 1956-1957 : *Yves Klein* (démonstration de peinture monochrome ; couleur).
- 1957 : *Propositions monochromes*, deux expositions simultanées, Paris, galeries Colette Allendy et Iris Clert (couleur).
- 1958 : *La Spécialisation de la sensibilité picturale à l'état matière première en sensibilité picturale stabilisée*, Paris, Galerie Iris Clert, 28 avril-12 mai (couleur).
- 1958-1959 : *Gelsenkirchen* (réalisation des peintures commandées à l'artiste pour le Foyer de l'Opéra ; noir et blanc).
- 1959 : *Bas-reliefs dans une forêt d'éponges*, Paris, galerie Iris Clert, 15-30 juin (couleur).
- 1959 : *Gelsenkirchen* (inauguration de l'Opéra, 15 décembre ; couleur).
- 1960 : *Anthropométries de l'époque bleue*, Paris, Galerie Internationale d'Art Contemporain (soirée du 9 mars ; noir et blanc).
- 1960 : *Dimanche 27 novembre 1960* (distribution et présentation du journal : scènes de rue et Galerie Rive Droite, Paris ; noir et blanc).
- 1961 : *Monochrome und Feuer*, Haus Lange Museum, Krefeld, 14 janvier-26 février 1961 (couleur).
- 1961 : L'artiste dirigeant une séance d'*Anthropométries* (film réalisé par Peter Morley à Düsseldorf, pour la BBC ; noir et blanc).
- 1961 : *Peintures de feu* (en partie avec

réalisation d'anthropométries, Centre d'essais de Gaz de France, la Plaine-Saint-Denis (noir et blanc, puis couleur, quand les « pinceaux vivants » interviennent).
- 1961 : *Essai de toit d'air*, rue Campagne-Première, Paris (noir et blanc).
- 1962 : *Mariage de Rotraut Uecker avec Yves Klein*, 21 janvier, église Saint-Nicolas-des-Champs, Paris (couleur).
- 1962 : *Antagonismes 2, l'objet*, Musée des arts décoratifs, Paris (noir et blanc).
- 1962 : *Appartement d'Yves Klein*, rue Campagne-Première, Paris (couleur).

Et aussi :
- Jacopetti (Gualtiero), *Mondo cane* (couleur ; une séquence – calamiteuse – de ce long métrage est consacrée aux *Anthropométries*), 1962.

TABLE DES ILLUSTRATIONS

COUVERTURE

OUVERTURE

CHAPITRE 1

1953. Coll. part.
24 *Idem* (détail).
25 Igor Correa et Yves Klein réalisant un kata sur le toit de La Coupole à Paris. Coll. part.
25b Yves Klein, *Les Fondements du judo*, Paris, Grasset, 1954. Yves Klein Archives, Paris.

CHAPITRE 2

26 Yves Klein dans son atelier en 1956.
27 Détail du *Relief-éponge* du foyer de l'opéra de Gelsenkirchen, en Allemagne, 1957-1959, 5 x 10 m.
28 *Stupeur de jeunes recrues apercevant pour la première fois ton azur, ô méditerranée !*, planche *in* Alphonse Allais, *Album primo-avrilesque*, Paris, Ollendorf, 1897.
29 *Yves Peintures*, extraits de planches de papier imprimées et papiers collés, 18 nov. 1954, 24,5 x 19,5 cm. Coll. part.
30b Yves Klein devant un tableau monochrome, 1955.
30-31 *Expression de l'univers de la couleur mine orange* (M 60), mai 1955, pigment pur et résine synthétique sur carton monté sur panneau, 95 x 226 cm. Coll. part.
32h *Monochrome vert sans titre* (M 75), vers 1955-56, pigment pur et résine synthétique sur carton, 59 x 101 cm. Coll. part.
32b Vue de l'exposition « Yves Peintures » au Club des solitaires, Paris, octobre 1955. Coll. Yves Klein Archives, Paris.
33h *Monochrome rouge sans titre* (M 38), 1955, pigment pur et résine synthétique sur toile montée sur bois, 50 x 50 cm. Coll. part.
34 Yves Klein en costume de l'ordre des Archers de Saint-Sébastien, Galerie Colette Allendy, Paris, 1956. Yves Klein Archives, Paris.
35 « La minute de vérité », texte de Pierre Restany pour l'invitation de l'exposition « Yves. Propositions monochromes » à la Galerie Colette Allendy, février 1956. Coll. Yves Klein Archives, Paris.
36h Vue de l'atelier d'Yves Klein, 1956. Yves Klein Archives, Paris.
36b Vue de l'atelier de Mondrian à New York, 1944. Zurich, Kunsthaus, Glaner Archiv. Courtesy of HCR International.
37 Enveloppe Soleau retournée à Klein avec la formule de l'« International Klein Blue » déposée à l'Institut national de la propriété industrielle, le 19 mai 1960.
38 *Monochrome bleu sans titre* (IKB 46), 1955, pigment pur et résine synthétique sur gaze marouflé sur bois, 66 x 46 cm. Coll. part.
39h *Monochrome bleu sans titre* (IKB 98), 1957, pigment pur et résine synthétique sur gaze montée sur panneau, 66 x 46 cm. Krefeld, Kaiser Wilhem Museum.
39b *Idem* (détail).
40h Vernissage de l'exposition « *Proposte monocrome, epoca blu* », Galleria Apollinaire, Milan, le 2 janvier 1957 : (de g. à d.) Yves Klein, Adriano et Ada Parisot, Pierre Restany, Lutka Pink.
41b « Blu blu blu », article de Dino Buzzati, publié à l'occasion de l'exposition « *Proposte monocrome, epoca blu* », in *Corriere d'informazione*, Milan, 9 janvier 1957. Yves Klein Archives, Paris.
41 *Sculpture aérostatique*, lâcher de ballons bleus lors du vernissage de l'exposition « Propositions monochromes » à la Galerie Iris Clert, Paris, le 10 mai 1957.
41b Carton d'invitation pour l'exposition chez Colette Allendy et Iris Clert, adressé à Hans Hartung, mai 1957.
42 Yves Klein dans le jardin de le jardin de la Galerie Colette Allendy avec le tableau *Feux de Bengale. Tableau de feu bleu d'une minute* (M41), qu'il embrase le soir du vernissage d'« Yves, Propositions monochromes », 14 mai 1957.
43h Vue de l'exposition « Yves : Propositions monochromes » à la galerie Schmela, Dusseldorf, 1957.
43b « *Who paints nothing* », article publié à l'occasion de l'exposition « *Monochromes Propositions of Yves Klein* », Gallery One, Londres, juin 1957.
44b Vue du foyer de l'opéra de Gelsenkirchen, avec un *Relief éponge bleu* et d'un *Monochrome IKB*, 1959.
45 Yves Klein sur le chantier de l'opéra de Gelsenkirchen en 1959, photographie de Charles Wilp.

CHAPITRE 3

46 Yves Klein dans la salle « vide » dévolue à la « Sensibilité picturale immatérielle », lors de son exposition « *Monochrome und Feuer* » au Haus Lange Museum, Krefeld, janvier 1961, photographie de Charles Wilp.
47 *Sculpture éponge bleue sans titre* (SE 191), pigment pur et résine synthétique sur éponge naturelle sur socle en pierre, 28 x 18 x 11 cm, 1959. Coll. part.
48 *L'Arbre, grande éponge bleue* (SE 71), éponge naturelle, pigment pur, résine synthétique et plâtre, 150 x 90 cm, 1962. Paris, musée national d'Art moderne, Centre Georges-Pompidou.
49 Vue de l'exposition « Bas-reliefs dans une forêt d'éponges », Galerie Iris Clert, juin 1959.
50 *Pluie bleue*, 1961,

CHAPITRE 4

synthétique sur carton marouflé sur toile, 64 x 49 cm. Coll. part.
77h Yves Klein réalisant une *Cosmogonie* sur les berges du Loup, photographie de Rotraut, juin 1960.
77b *Cosmogonie pluie* (COS 22), 1961, pigment pur et résine sur papier, 70,5 x 99,5 cm, 1961. Coll. part.
78h Projet d'installation de trois flammes dans le jardin du Haus Lange Museum, Krefeld, photomontage, 1960.
78b *Mur de feu* et *Fontaine de feu* dans le jardin du Haus Lange Museum de Krefeld, photogramme du film *Monochrome und Feuer*, soir du vernissage, 14 janv. 1961.
79 *Peinture feu sans titre* (F 54), 1961, papier brûlé, 158 x 200 cm. Coll. part.
80 Réalisation de *Peintures de feu* au centre d'essai de Gaz de France, la Plaine-Saint-Denis, 1961, photographie de Louis Fréderic.
81 *Peinture de feu sans titre* (F 3), 1961, papier brûlé marouflé sur toile, 146 x 97 cm. Paris, Coll. part.

CHAPITRE 5

82 *Le Saut dans le vide*, Fontenay-aux-Roses, octobre 1960, photographie de Harry Shunk et John Kender. Coll. part.
83 Mariage d'Yves Klein et de Rotraut Uecker, église Saint-Nicolas-des-Champs, Paris, le 21 janvier 1962.
85h Partition de la *Symphonie monoton-silence*, pour chœur et orchestre, 1947-1961. Coll. part.
85b *L'Évolution de l'Art vers l'immatériel*, conférence à la Sorbonne, 3 juin 1959.
86g La « Révolution bleue », lettre au président Eisenhower, 20 mai 1958.
86d *Globe terrestre bleu* (RP 7), pigment pur et résine synthétique sur plâtre, 36 x 21 x 19,5 cm, création originale 1957, édition posthume à 350 exemplaires. Coll. part.
87 En tête du Brevet d'invention pour un « procédé de décoration ou d'intégration architecturale… », n° PV 820336 n° 1.258.418, suivi du « Résumé de la présente invention », demandé le 2 mars 1960, délivré le 6 mars 1961.
88 Déclaration constitutive du Nouveau Réalisme, signée par Yves Klein, Pierre Restany, Arman, François Dufrêne, Raymond Hains, Martial Raysse, Daniel Spoerri, Tinguely et Villeglé, craie sur papier bleu, 100 x 66 cm, 27 octobre 1960. Coll. part.
89 Martial Raysse, Arman, Yves Klein et Rotraut, 14, rue Campagne-Première, Paris, mars 1960.
90hb *Excavatrice de l'espace* (S 19), 1958, en collaboration avec Jean Tinguely, disque bleu sur moteur électrique et pieds en métal, diam. 17 cm, 1958.
91g *Portrait relief d'Arman*, 1962, pigment pur et résine synthétique sur bronze monté sur panneau doré, 175 x 94 x 26 cm, édition posthume en 10 exemplaires. Paris, Centre national d'Art moderne, Centre Georges-Pompidou.
91d *Victoire de Samothrace* (S 9), 1962, pigment pur et résine synthétique sur plâtre, 49,5 x 25,5 x 36 cm. Coll. Part.
92 *Ci-gît l'espace*, 1960, éponge peinte, fleurs artificielles, feuilles d'or sur panneau, 125 x 100 cm. Paris, musée national d'Art moderne, Centre Georges-Pompidou.
93 *Le Saut dans le vide*, rue Gentil-Bernard à Fontenay-aux-Roses, octobre 1960, photographie de Harry Shunk et John Kender.
94h Vente du *Dimanche. Le journal d'un seul jour*, 27 novembre 1960, photogramme du film réalisé lors de la parution.
94m Lecteur du *Dimanche. Le journal d'un seul jour*, 27 nov. 1960, 55 x 38 cm, photogramme du film réalisé lors de la parution.
94b *Dimanche 27 novembre 1960 (le journal d'un seul jour)*, 55 x 38 cm. Coll. part.
95 Sœur Andreina présentant *L'Ex-voto à Sainte Rita de Cascia*, remis par Yves Klein en février 1961, photographie de David Bordes, Cascia, 1999.
96 Montage de pellicules de films réalisés lors d'expositions ou d'« actions » d'Yves Klein. Yves Klein Archives, Paris

TÉMOIGNAGES ET DOCUMENTS

97 Manuscrit d'Yves Klein, sans date. Yves Klein Archives, Paris.
99 *Malévitch ou l'espace vu de loin*, vers 1958, stylo à bille bleu et crayon sur papier, 27 x 21 cm. Coll.part.
101 *Rocket pneumatique*, 1958, graphite sur papier, 42 x 54 cm. Coll. part.
107 *Le Feu : colonne de feu entourée de douves et colonne de feu sur pièce d'eau*, dessin, 1959. Coll. Part.
109 Carton d'invitation à « Yves. Propositions monochromes », Galerie Colette Allendy, 21 février-7 mars 1956.
115 Plan pour l'exposition au musée de Krefeld, 1960, stylo bille sur papier marouflé sur toile, 34,5 x 49,8 cm. Coll. part.

INDEX GÉNÉRAL

A

INDEX DES ŒUVRES D'YVES KLEIN

CRÉDITS PHOTOGRAPHIQUES

Banque d'Images ADAGP, 2006 70. Courtesy Yves Klein Archives, Paris Dos, 3d, 5d, 7d, 8-9, 9d, 12, 13, 14h, 14b, 15, 16h, 16-17b, 17, 18m, 18-19b, 20, 21, 22-23, 25, 25b, 26, 29, 30b, 30-31, 32h, 32b, 33h, 34, 35, 36h, 37, 38, 39h, 39b, 40h, 40b, 41, 41b, 42, 43h, 43b, 47, 49, 50, 52, 53, 54h, 54b, 55h, 55b, 56, 58, 59, 60-61h, 60-61m, 61b, 62h, 62b, 63, 65, 66h, 67h, 71m, 71b, 74, 75, 76, 77h, 77b, 78h, 78b, 79, 83, 85h, 85b, 86g, 86d, 87, 88, 89, 90hb, 91d, 94h, 94m, 94b, 96, 97, 99, 101, 107, 115. David Bordes 27, 44b, 50-51b, 95. DR 28. René Burri/Magnum 68, 69. BPK/Charles Wilp 1er plat, 2e plat, 1, 45, 46, 57. Centre Georges Pompidou / Bibl. Kandinsky 22-23, 24. Centre Georges Pompidou / Bibl. Kandinsky / Fonds Cardot-Joly 6-7. Centre Georges- Pompidou / Bibl. Kandinsky / Fonds Fleurant 11, 64. CNAC/MNAM Dist. RMN 92. CNAC/MNAM Dist. RMN/Philippe Migeat dos, 48, 71h, 72-73. CNAC/MNAM Dist. RMN/Jacques Faujour 91g. Fondation Hans Hartung et Anna-Eva Bergman 19h. Louis Frederic 80. Kunsthaus, Glaner Archiv, Zurich 36b. MAMAC, Nice 66b. Mondrian/Holtzman 36b. RMN/H.Lewandowski 59. Harry Shunk 4-5, 82, 93, 97. Toscani/Alinari/Roger-Viollet 2-3.

REMERCIEMENTS

L'auteur tient à remercier Camille Morineau, Rita Cusimano, Marion Guibert, Alexandra Mueller et Rosa Volkmann (Paris, Musée national d'Art moderne). Il souhaite également exprimer sa gratitude à toutes celles et à tous ceux qui, depuis une vingtaine d'années, l'ont incité à travailler sur l'œuvre de Klein et qui l'ont amicalement encouragé ou soutenu.
L'auteur s'associe aux éditions Gallimard qui remercient vivement les Archives Yves Klein, et tout particulièrement Daniel Moquay et Philippe Siauve.

ÉDITION ET FABRICATION

DÉCOUVERTES GALLIMARD
COLLECTION CONÇUE PAR Pierre Marchand.
DIRECTION Elisabeth de Farcy.
COORDINATION ÉDITORIALE Anne Lemaire.
GRAPHISME Alain Gouessant.
COORDINATION ICONOGRAPHIQUE Isabelle de Latour.
SUIVI DE PRODUCTION Fabienne Brifault.
SUIVI DE PARTENARIAT Madeleine Giai-Levra.
RESPONSABLE COMMUNICATION ET PRESSE Valérie Tolstoï.
PRESSE David Ducreux et Alain Deroudilhe.

YVES KLEIN, L'AVENTURE MONOCHROME
EDITION Caroline Larroche.
ICONOGRAPHIE Anne Soto.
MAQUETTE Vincent Lever.
LECTURE-CORRECTION Jean-Paul Harris et Jocelyne Marziou.
PHOTOGRAVURE Arciel graphic.

Denys Riout, professeur d'histoire de l'art (université de Paris I-Panthéon-Sorbonne), a notamment publié *La Peinture monochrome. Histoire et archéologie d'un genre,* (Jacqueline Chambon, coll. « Rayon Art », 1996; édition revue et augmentée, Gallimard, coll. « Folio Essais », 2006). Dans l'étude de ce territoire plus bigarré qu'il n'y paraît, de prime abord, une place de choix est réservée à Yves Klein qui prétendait, non sans raison, être l'initiateur du genre. Par ailleurs, Denys Riout s'est particulièrement intéressé aux œuvres immatérielles de l'artiste, auxquelles il a consacré un essai : *Yves Klein. Manifester l'immatériel* (Gallimard, coll. « Art et artistes », 2004).

Pour Gaëlle, Aude et Florent.

Dépôt légal : septembre 2006
Numéro d'édition : 144685
ISBN : 2-07-033940-8
Imprimé en France par Kapp